글씜(U&J) 강민규 글
글씜(U&J)은 글쓰기를 좋아하고 글의 힘을 믿는 사람들로 이루어진 창작 집단입니다.
각 분야의 전공자들과 전·현직 초등·중학교 선생님들, 전문 작가들이 모여 다양한 분야의 글을 쓰고 있습니다. 아이들에게 꿈과 희망을 갖게 하고 문학과 역사는 물론, 세상에 대한 호기심을 채워 주기 위해 오늘도 알차고 재미있게 상상력 가득한 이야기를 쓰고자 힘을 쏟고 있답니다.
그동안 쓴 책으로 《우리말 통일사전》, 《나도 스타 크리에이터가 될 거야》, 《천재 과학자들은 어떻게 세상을 바꿨을까》, 《미디어》, 《I NEED 비상! 바이러스의 습격》, 《쓰레기와 인류의 삶》, 《인공지능》, 《헤르만 헤세 아저씨가 들려주는 어린이를 위한 생각동화 1, 2》, 《스타 성공학-연예인 편》을 비롯하여 '동물들은 내 친구' 시리즈 10권, '전래동화' 시리즈 5권, '위인전시리즈 5권, '삼국유사 삼국사기' 시리즈 64권 등이 있습니다.

유남영 그림
공주대학교 만화예술과를 졸업하고 캐릭터 디자이너와 일러스트레이터로 활동 중입니다.
그린 책으로 《나도 스타 크리에이터가 될 거야》, 《천재 과학자들은 어떻게 세상을 바꿨을까》, 《초등 한국사 생생 교과서》, 《빠삐루빠의 선사 탐험》, 《아하! 세계엔 이런 사건이 있었군요》, 《리틀배틀》, 《도전 100! 한국 인물 퀴즈》, 《우리나라 우리 고장》, 《그림 교과서 상식 백과》, 《빅히스토리》, 《교과서에 나오는 역사 인물 사전》 등이 있습니다.

정호섭 감수
고려대학교 한국사학과를 졸업하고, 동 대학원에서 석사·박사 학위를 받았습니다. 고려대학교 박물관 학예연구사, 한성대학교 교수, 고려대학교 민족문화연구원 부원장, 동북아역사재단 자문위원, 국가유산청 역사문화권정비위원회 위원 등을 역임한 바 있습니다. 현재 고려대학교 한국사학과 교수, 한국사 연구소장, 경기도 문화재 위원, 남북역사학자협의회 집행위원장 등을 맡고 있으며, 한국 고대사와 관련한 20여 권의 저서와 60여 편의 논문을 발표하였고, 특히 고구려사에 대한 연구를 주로 진행하고 있습니다.

초판1쇄 발행 2025년 3월 20일
초판2쇄 발행 2025년 7월 22일

강민규 글 | 유남영 그림 | 정호섭 감수

펴낸이 곽은영
기획 박상은
편집 U&J 박상은, 김진희, 김민소, 신창화, 고유리, 방현숙
디자인 U&J 임재승
마케팅 김민준

펴낸곳 달소풍
출판등록 2021년 3월 8일 (제 409-2021-000016호)
주소 (10084) 경기도 김포시 김포한강3로 290-13 (608-1304)
대표전화 031-991-9840 | **팩스** 031-624-6795 | **메일** dalsopung@daum.net
제조국명 대한민국 | **ISBN** 979-11-990085-1-9 (73910)

※ 이 책의 저작권은 한국 저작권법에 따라 보호를 받는 저작물이므로 무단 전재와 복제를 금합니다.
※ 잘못 만들어진 책은 구입한 곳에서 바꾸어 드립니다.

제품명 한눈에 보는 나의 첫 한국사 2
제조자명 달소풍 | **제조국명** 대한민국 | **전화번호** 031-991-9840
주소 (10084) 경기도 김포시 김포한강3로 290-13 (608-1304)
제조년월 2025년 7월 22일 | **사용연령** 10세 이상
※ KC마크는 이 제품이 공통안전기준에 적합하였음을 의미합니다.

⚠ **주 의**
아이들이 모서리에 다치지 않게 주의하시오

강민규 글 | 유남영 그림 | 정호섭 감수

머리말

  여러분은 혹시 "역사를 잊은 민족에게 미래는 없다"라는 말을 들어 본 적이 있나요? 역사는 지나간 과거의 이야기일 뿐 미래와는 아무런 관계도 없어 보이는데, 사람들은 왜 이런 말을 하는 걸까요?

  첫째, 역사는 우리의 뿌리가 무엇인지를 알려 주기 때문이에요. 우리가 누구인지를 아는 것은 무척 중요한데, 이에 대한 힌트를 얻을 수 있는 것이 바로 역사이지요. 최근 한류 문화가 전 세계적으로 인기를 끌고 있는 것을 보며 많은 사람이 놀라고 있어요. 하지만 우리나라의 역사를 잘 아는 사람이라면 한류 문화의 세계적 유행에 그렇게 놀라지 않을 거예요. 우리나라는 옛날부터 문화 강국이었으니까요.

  둘째, 역사는 우리가 과거에 저질렀던 실수를 반복하지 않도록 교훈을 줘요. 인간이 위대한 이유는 실수하지 않아서가 아니라, 실수로부터 배우기 때문이라고 했어요. 그렇다면 한 민족이나 국가가 저지른 실수처럼 오랜 시간에 걸쳐 많은 사람이 저지른 실수는 어떻게 알 수 있을까요? 그것은 다름 아닌 역사책에서 확인할 수밖에 없어요. 최근 우크라이나와 러시아 간에 전쟁이 일어나면서 유럽 여러 나라에 무기 부족 현상이 발생했어요. 이는 냉전 이후 유럽 국가들이 무기 만드는 일을 소홀히 한 결과이지요. 이들 국가는 부족한 무기를 구하기 위해 여러나라에 손을 벌리고 있는 실정이랍니다. 반면 우리나라는 국방력을 미리 튼튼히 해 놓지 않으면 어떤 결과를 얻게 되는지 임진왜란과 일제 강점기, 6·25 전쟁을 통해 배웠어요. 바로 이것이 역사가 우리에게 주는 교훈인 것이지요.

이 책을 통해 부디 여러분이 역사를 친근하게 바라보고 흥미를 갖게 된다면 좋겠어요. 또한 역사를 배워 가며 자기 자신이 누구인지를 알고, 그로부터 얻은 교훈을 거울삼아 올바로 생각하고, 바르게 판단하며, 적절한 선택을 할 수 있는 사람이 될 수 있길 바랍니다.

저자 강 민 규

차례

📖 머리말 ·· 004

1장 조선 시대 전기

1. 새 나라의 이름은? ·························· 012
2. 수도를 한양으로 옮기다 ·················· 014
3. 조선은 어떤 나라였을까? ················ 016
4. 조선의 설계자, 정도전 ···················· 018
5. 왕자의 난 ······································ 020
6. 태종은 어떤 왕이었을까? ················ 023
7. 실록을 기록하다 ····························· 026
8. 형 대신 왕이 된 세종 ······················ 028
9. 세종은 무슨 일을 했을까? ·············· 030
10. 조선의 발명왕, 장영실 ··················· 032
11. 백성을 가르치는 바른 소리 ············· 034
12. 조카의 왕위를 빼앗은 세조 ············· 036
13. 훈구파와 사림파 ···························· 038
14. 조선을 완성한 성종 ······················· 040
15. 《경국대전》은 어떤 책이었을까? ······· 042
16. 선비들, 화를 당하다 ······················ 045
17. 조선 최초의 반정이 일어나다 ·········· 048
18. 개혁을 시도한 조광조 ···················· 050
19. 붕당 정치의 시작 ·························· 053
20. 임진왜란은 어떻게 일어났을까? ······ 056
21. 23전 23승의 신화 ························· 058
22. 의병의 활약 ·································· 061
23. 임진왜란의 3대 대첩 ····················· 064
24. 임진왜란의 끝 ······························· 067
25. 조선의 도자기 ······························· 070

2장 조선 시대 후기

1. 광해군의 고군분투 · · · · · · · · · · · · · · 74
2. 한의학의 결정체, 《동의보감》 · · · · · 76
3. 조선의 두 번째 반정, 인조반정 · · · · 78
4. 정묘호란이 일어나다 · · · · · · · · · · · · 80
5. 청나라, 조선을 또다시 침략하다 · · · 83
6. 효종의 북벌 정책 · · · · · · · · · · · · · · · 86
7. 또다시 불붙은 붕당 정치 · · · · · · · · · 88
8. 숙종의 환국 정치 · · · · · · · · · · · · · · · 90
9. 숙종은 어떤 일을 했을까? · · · · · · · · 93
10. 울릉도와 독도를 지킨 안용복 · · · · · 96
11. 영조는 어떤 일을 했을까? · · · · · · · · 98
12. 정조는 무슨 일을 했을까? · · · · · · · 101

13. 정조의 꿈, 수원 화성 · · · · · · · · · · · 104
14. 조선의 새로운 가능성, 실학 · · · · · 106
15. 나라와 백성을 생각한 실학자, 정약용 · · 108
16. 풍속화의 유행 · · · · · · · · · · · · · · · · 110
17. 경제생활이 바뀌다 · · · · · · · · · · · · 112
18. 서민 문화의 발달 · · · · · · · · · · · · · 115
19. 세도 정치의 시작 · · · · · · · · · · · · · 118
20. 삼정의 문란 · · · · · · · · · · · · · · · · · · 120

21. 민란의 시작, 홍경래의 난 · · · · · · · 122
22. 진주 민란이 일어나다 · · · · · · · · · · 124
23. 〈대동여지도〉를 완성한 김정호 · · 126
24. 고종, 왕이 되다 · · · · · · · · · · · · · · · 128
25. 병인양요와 신미양요 · · · · · · · · · · 130

- ㉖ 오페르트 도굴 사건 ·········· 133
- ㉗ 강화도 조약 ·········· 135
- ㉘ 임오군란과 갑신정변 ·········· 137
- ㉙ 동학 농민 운동 ·········· 140
- ㉚ 명성 왕후 시해 사건 ·········· 142
- ㉛ 러시아 공사관으로 피한 고종 ·········· 144
- ㉜ 사라진 개혁의 꿈, 독립 협회 ·········· 146
- ㉝ 조선이 대한 제국으로 ·········· 148
- ㉞ 을사조약과 을사오적 ·········· 150
- ㉟ 헤이그 특사, 고종의 비밀 명령을 받다 ·········· 152
- ㊱ 국채 보상 운동으로 나랏빚을 갚자! ·········· 154
- ㊲ 안중근, 이토 히로부미를 암살하다 ·········· 156
- ㊳ 일본의 식민지가 되다 ·········· 158

3장 일제 강점기

- ❶ 군대와 경찰이 조선을 짓밟다 ·········· 162
- ❷ 토지 조사 사업과 농민의 몰락 ·········· 164
- ❸ 해외에서 활동한 독립운동가들 ·········· 166
- ❹ 3·1 만세 운동이 일어나다 ·········· 170
- ❺ 만세 운동의 상징, 유관순 ·········· 173
- ❻ 대한민국 임시 정부의 수립 ·········· 176
- ❼ 문화 정치로도 막을 수 없었던 독립운동 ·········· 178
- ❽ 봉오동 전투와 청산리 대첩 ·········· 181
- ❾ 국산품을 사용합시다! ·········· 184
- ❿ 조선의 쌀을 빼앗아 가다 ·········· 186
- ⓫ 6월 10일, 또 한 번의 만세 운동이 일어나다 ·········· 188
- ⓬ 광주 학생들이 들고일어나다 ·········· 190
- ⓭ 한인 애국단의 활동 ·········· 192
- ⓮ 태평양 전쟁을 일으킨 일본 ·········· 194

⑮ 민족 말살 정책 · · · · · · · · · · · · · · · · · 197
⑯ 조선어 학회 사건 · · · · · · · · · · · · · · · 200
⑰ 펜으로 써 내려간 독립운동 · · · · · · 202
⑱ 일본의 강제 동원 · · · · · · · · · · · · · · · 204
⑲ 한국광복군을 조직하다 · · · · · · · · · 206
⑳ 광복, 자유의 빛을 되찾다 · · · · · · · 208

4장 대한민국

① 남쪽은 미국, 북쪽은 소련 · · · · · · · · 212
② 신탁 통치로 남북이 나뉘다 · · · · · · 214
③ 대한민국 정부가 세워지다 · · · · · · · 216
④ 반민족 행위 특별 조사 위원회 · · · 219
⑤ 한국 전쟁이 일어나다 · · · · · · · · · · · 221
⑥ 인천 상륙 작전 · · · · · · · · · · · · · · · · · 224
⑦ 1·4 후퇴로 다시 서울을 내주다 · · 226
⑧ 거제 포로수용소 이야기 · · · · · · · · · 228
⑨ 전쟁을 멈추다 · · · · · · · · · · · · · · · · · · 230
⑩ 전쟁의 결과 · 232
⑪ 부정 선거를 응징한 4·19 혁명 · · · 234
⑫ 군사 독재의 시작, 5·16 군사 반란 · · 237
⑬ 무너져 버린 서울의 봄 · · · · · · · · · · · 240
⑭ 광주 시민들, 민주화를 부르짖다 · · 242
⑮ 독재를 끝내다, 6월 민주 항쟁 · · · · 245
⑯ 손에 손잡고, 88 서울 올림픽 · · · · 248
⑰ 대한민국 최대의 위기, IMF 구제 금융 · · 250
⑱ 북한에서는 어떤 일이 있었을까? · · 252
⑲ 통일을 위한 노력 · · · · · · · · · · · · · · · 254

🗓 사진 출처 · 256

1392년 조선 건국.   **1398년** 제1차 왕자의 난.

1453년 계유정난.   **1443년** 훈민정음 창제.

1485년 《경국대전》 최종본 완성.   **1498년** 무오사화.

조선 시대 전기

1392년 ~ 1598년

 1506년 중종반정.

 1575년 동서 분당(붕당 정치의 시작).

 1592년 임진왜란 발발.

1

새 나라의 이름은?

태조 이성계는 1392년 7월 17일, 개경에 있는 수창궁에서 왕위에 오름으로써 새 나라 조선의 탄생을 알렸어. 조선은 고려 말에 **성리학(중국에서 시작되어 주희가 정리한 유교의 한 파)**을 받아들인 **신진 사대부들**을 중심으로 세워진 나라야. 그래서 유학을 받들고, 과전법을 따르며, 작은 나라로서 큰 나라인 명나라를 섬기는 태도가 기본이었단다. 그런데 '조선'이라는 나라 이름은 어떻게 정하게 되었을까?

이성계와 신하들은 새로운 나라를 세웠음을 명나라에 알리기 위해 사신을 보냈어. 그리고 얼마 후, 사신으로 다녀온 조림은 새 나라의 이름을 정해서 알려 달라는 명나라의 요청을 전했지.

사실 태조는 명나라의 요청을 받기 전까지는 당분간 고려라는 이름을 계속 사용할 생각이었어. 왕뿐만 아니라 나라 안의 여러 가지가 바뀌었는데, 나라 이름까지 바꾸면 백성들을 더욱 혼란스럽게 만들지도 모른다는 걱정 때문이었지. 하지만 명나라의 요청에 결국 나라의 이름을 새로

정하기로 결정했고, 두 개의 이름 중 하나를 골라 달라고 명나라에 다시 사신을 보낸단다. 그것은 바로 옛날 단군왕검이 세운 나라의 이름에서 따온 '조선'과, 이성계의 고향 이름인 '화령'이었어. 그러자 명나라에서는 조선이라고 하는 게 좋겠다는 의견을 주었고, 이에 태조는 새 나라의 이름을 '조선'으로 정한단다.

▲ 태조 이성계의 어진

2

수도를 한양으로 옮기다

　나라의 이름을 조선으로 정한 태조와 신하들은 이번엔 수도를 어느 곳으로 정해야 할지를 두고 고민해야 했어. 많은 사람이 고려의 수도였던 개경은 이미 그 땅의 기운이 다했다고 생각했기 때문이야. 그리하여 신하들은 땅의 기운이 좋다고 이름난 여러 곳을 둘러보았고, 태조도 직접 그곳들을 살펴보았지. 그렇게 고민에 고민을 거듭한 끝에, **1394년** 태조와 신하들은 **한양**을 조선의 새로운 도읍지로 정했어. 한양은 나라의 한가운데에 자리한 데다 한강이 있어 교통이 편리했고, 주변에 높은 산들이 둘러싸고 있어 적군이 쳐들어올 경우 이를 막는 데 도움이 됐기 때문이야. 또 고려 때부터 좋은 기운이 깃들어 있는 곳으로 꼽혀 왔었지.

　그렇게 한양이 새 수도로 정해지자, 곧바로 궁궐 공사가 시작됐어. 새 궁궐의 이름은 '큰 복을 누리라'는 의미인 **'경복궁'**으로 지었단다. 그리고 새 궁궐의 오른쪽(서쪽)에는 토지신에게 제사를 지내는 **사직단**을 두었고, 왼쪽(동쪽)에는 조상들에게 제사를 지내는 **종묘**를 설치했지. 그렇게 궁

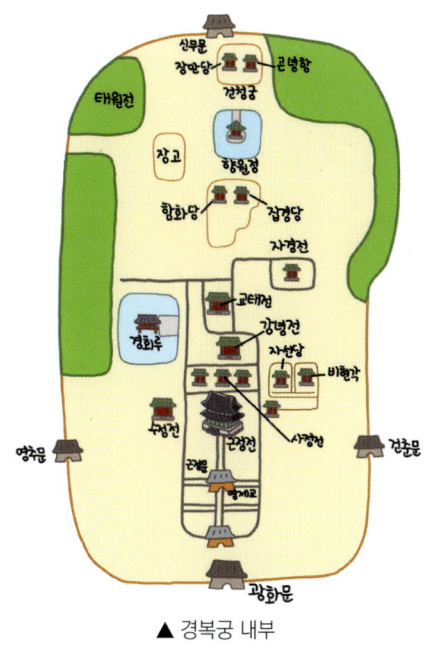
▲ 경복궁 내부

궐 공사를 시작한 지 1년여 만인 1395년 9월 29일에 경복궁이 완성되었어. 그리고 그해 12월 28일, 태조는 경복궁으로 들어가 살게 된단다.

이렇게 새로운 궁궐이 완성되었지만, 한양에는 한 가지 부족한 게 있었어. 바로 새 도읍지를 지켜 줄 만한 성이 없었다는 거야. 태조는 곧바로 한양을 둘러싸는 성을 만들도록 지시를 내렸어. 그리하여 다음 해인 1396년 봄과 가을에 총 98일 동안 전국에서 20만여 명의 백성들을 동원해 총길이 18.627킬로미터의 한양 도성을 쌓아 완성했단다.

3

조선은 어떤 나라였을까?

앞에서 설명했듯이 조선은 성리학을 받아들인 사대부들이 세운 나라야. 그래서 **성리학의 기본 원리**가 나라를 다스리는 바탕이 되었지. 그렇다면 이들은 조선을 다스리기 위해 어떤 기본적인 원칙을 세웠는지 구체적으로 살펴볼까?

첫째는 **숭유억불**, 즉 유학을 높여 소중히 여기고 불교를 억제하는 것이었어. 사대부들은 고려 말기에 불교가 좋지 않은 영향을 끼쳤던 것을 봐 왔기에 불교를 그다지 좋아하지 않았거든. 둘째는 **사대교린**, 즉 큰 나라인 명나라를 섬기고 그 외의 이웃 나라들과는 조선을 먼저 공격하지만 않으면 서로 잘 지낸다는 원칙이야. 평화로운 국제 관계를 유지하기 위한 정책으로 볼 수 있지. 셋째는 경제 정책인 **농본억상**이야. 농업을 경제를 이끌어 가는 기본으로 삼고, 상업은 억제하겠다는 의지를 나타낸 것이지. 그 당시에는 지금처럼 물자가 풍부하지 않았기 때문에 물건을 사고파는 상업보다는 물자를 생산하는 농업을 더 중요시했단다.

이처럼 조선은 유교의 원리를 철저하게 받들고 따른 나라였어. 조선을 세운 사람들이 유교를 따르기 위해 노력했다는 사실을 알 수 있는 또 다른 흔적은 바로 한양성 사대문의 이름에서 찾을 수 있단다. 유교에서 강조하는 네 가지 덕목은 '인(仁, 어짊)', '의(義, 의로움)', '예(禮, 예의)', '지(智, 지혜)'인데, 그 덕목들이 사대문 이름에 다 들어가 있거든. 한양의 동쪽 대문인 **흥인지문**, 서쪽 대문인 **돈의문**, 남쪽 대문인 **숭례문**이 바로 그것이야. 그럼 북쪽 대문의 이름은 뭘까? 지금은 숙정문이라고 하지만, 원래 이름은 **소지문**이었어. 도성의 사대문 이름을 이렇게 지은 것은 백성들이 유교의 네 가지 덕목을 잊지 않도록 하기 위함이었단다.

▲ 2008년에 일어난 화재로 많은 부분이 불에 탔으나 2013년 복구 작업을 마친 숭례문(국보 1호)

4

조선의 설계자, 정도전

정도전은 조선을 세울 때 가장 공이 컸던 인물 중 하나로 평가받고 있어. 1362년, 스물한 살의 나이로 과거에 합격하고 관직 생활을 시작한 정도전은 이인임이 원나라와 다시 외교 관계를 맺으려고 했을 때, 이를 강하게 반대하다가 귀양을 가야 했지. 그 뒤 1383년 **이성계**와 만나 인연을 맺게 되었는데, 이성계가 위화도 회군에 성공하여 권력을 손에 넣자, 그는 성균관의 으뜸 벼슬인 대사성을 맡아 과전법을 시행하는 등 변화를 이끌어 갔어.

조선이 세워진 후, 정도전은 새로운 수도인 한양에 궁궐 짓는 일을 감독하는 직책을 맡았어. 그리고 이후 태조의 명령으로 궁궐 건물에 이름을 붙였는데, 경복궁이나 근정전, 사정전과 같은 이름은 모두 정도전이 붙인 이름이란다. 그 밖에도 조선을 다스리는 데 기본이 되는 법전인 《조선경국전》도 지었지.

하지만 정도전은 결국 이방원에 의해 생을 마감했어. **제1차 왕자의 난**

때 태조의 아들 **이방원**에게 죽임을 당하거든. 그렇다면 정도전은 왜 이방원의 반대 세력이 될 수밖에 없었을까? 그건 조선을 이끌어 나가는 것에 대한 서로의 생각 차이 때문이었어. 정도전은 왕보다 신하가 중심이 되어 나라를 이끌어 가야 한다고 생각한 반면, 이방원은 왕이 중심이 되어야 한다고 생각했거든. 두 사람은 각자 자신의 생각을 굽히지 않고 계속 밀어붙였고, 결국 이방원은 정도전을 제거하기로 마음먹었어. 그냥 두면 자신이 왕이 되는 데 방해가 될 거라고 판단한 것이지.

이렇게 정도전은 조선을 세울 당시 누구보다 큰 공을 세웠지만, 이방원이라는 큰 벽을 뛰어넘지 못한 채 1398년에 숨을 거둔단다.

왕자의 난

1398년 8월 26일, 태조의 넷째 아들 방간과 다섯째 아들 방원이 조선을 세울 때 많은 공을 세운 신하인 **정도전, 남은, 심효생** 등을 제거했어. 이렇게 형제는 권력을 차지한 후, 그들의 이복동생이자 세자인 **방석**을 쫓아낸 걸로도 모자라 귀양 보내는 길에 죽이기까지 하지. 이를 '**제1차 왕자의 난**'이라고 부르는데, 방간과 방원은 왜 이런 일을 벌인 것일까?

1392년 조선이 탄생한 이후, 나라를 세우는 데 공을 세운 많은 사람이 부와 권력을 얻었어. 그러나 왕의 집안사람들은 여기서 제외됨으로써, 누구보다 큰 공을 세웠던 왕자들과 왕의 친척들은 불만을 품을 수밖에 없었지. 그런 왕자들의 불만이 터져 나오게 된 결정적인 사건은 바로 세자를 결정한 일이었어. 신의 왕후가 낳은 왕자들은 나라를 세우는 데 큰 공을 세웠지만, 신덕 왕후가 낳은 왕자들은 너무 어려서 아무것도 할 수 없었거든. 그런데 태조는 신덕 왕후의 어린 아들 방석을 세자로 정했고, 정도전이 이에 찬성했던 것이지.

게다가 정도전은 신하들이 중심이 되어 나라를 이끌어 나가야 한다고 생각한 반면, 방원을 비롯한 왕자들은 왕이 중심이 되는 나라가 되어야 한다고 생각했어. 이들의 갈등은 정도전을 비롯한 신하들이 왕자와 왕실 가문의 사병, 즉 개인이 거느린 병사를 국가의 군대로 만들어야 한다고 주장한 1398년에 절정에 달했지.

그러던 중 태조가 병을 얻어 자리에 눕자, 방간과 방원은 이때를 틈타 자신들과 뜻을 달리하는 정도전 등의 신하들을 죽이고 정권을 손에 쥐었어. 그 후 방원을 따르는 신하들이 그를 세자로 만들려 했지만, 방원은 이를 거절하고 둘째 형인 **방과**를 세자로 앉히지. 그리고 난이 일어난 지 채 열흘도 지나지 않은 9월 5일, 태조는 방과에게 왕위를 물려주었단다. 이 사람이 조선의 **제2대 왕 정종**이야.

그런데 제1차 왕자의 난 때 정도전을 상대로 함께 싸웠던 방원과 방간

사이에 갈등이 생기기 시작했어. 결국 이들도 2년 후인 **1400년**에 서로 싸움을 벌이게 되지. 이를 '**제2차 왕자의 난**'이라고 해.

이는 방원의 부하였던 **박포**가 방원과 방간 사이를 멀어지게 하는 바람에 일어난 사건이었어. 박포는 제1차 왕자의 난 때 큰 도움을 준 사람이었는데, 자신이 그 대가를 충분히 받지 못한 것을 불평하다가 귀양까지 가게 됐거든. 그래서 박포는 방간을 찾아가 방원이 그를 죽이려 한다는 거짓말을 했고, 방간은 그 말을 믿고 방원을 상대로 군사를 일으켰어. 방원과 방간은 개경에서 치열한 전투를 벌였는데, 결국 이 싸움에서 방원이 승리를 거둔단다.

난이 끝나고 3일 후, 정종은 방원을 세제(왕위를 이어받을 아우)로 정하고 약 9개월 후 그에게 왕위를 물려주었어. 이렇게 방원은 조선의 **제3대 왕 태종**이 되었지.

태종은 어떤 왕이었을까?

태종은 왕위에 오르기 전까지 많은 사람을 죽였지만, 왕이 되고 나서는 조선 500년 역사의 기초를 닦은 훌륭한 왕으로 기록될 만큼 많은 일들을 했어. 과연 태종은 무슨 일을 했을까?

1405년, 태종은 앞서 정종이 1399년에 개경으로 옮긴 수도를 다시 **한양**으로 옮겼어. 이때부터 한양은 조선이 멸망할 때까지 수도로서의 역할을 한단다. 하지만 태종은 경복궁으로 다시 들어가지는 않았어. 경복궁에서 왕자의 난과 같은 안 좋은 일들이 있었기 때문에 태종은 경복궁 동쪽에 **창덕궁**이라는 새 궁궐을 지어 그곳에서 살았지. 창덕궁은 자연의 아름다움을 그대로 살려 지은 궁궐로, 이후로 조선의 왕들은 주로 창덕궁에서 살았단다.

태종은 또 억울한 백성들의 사정을 직접 듣겠다는 의지의 표현으로 궁궐 문에 **신문고**라는 북을 설치했어. 그런데 신문고를 치기까지 그 과정이나 방법이 복잡해서 실제로는 잘 쓰이지 않았지만, 왕이 백성들의 소리에 귀를 기울인다는 상징으로써 남아 있었지.

또한 태종은 나라를 안정시키기 위해 **호패법**을 실시했어. 호패란 16세 이상의 남자가 가지고 다녔던 작은 패로, 그 사람이 사는 곳, 이름, 신분 등이 적혀 있었지. 호패법은 세금을 내야 하는 사람과 군대에 보낼 사람들을 정확히 파악하기 위해 시행한 것이란다.

▲ 창덕궁 인정전과 인정문

태종은 한양으로 수도를 옮기고 나서 전국을 **8도**로 나누었어. 8도는 함경도, 평안도, 황해도, 경기도, 강원도, 충청도, 전라도, 경상도를 말하는데, 각 도에 **관찰사**를 보내서 백성을 다스리게 했어. 관찰사란, 각 지방을 다스리도록 왕이 뽑아 보낸 관리를 말해. 이들은 지방의 행정, 군사, 재판, 세금 등에 관한 일을 했지. 고려 시대에도 지방에 관리를 보냈지만, 조선처럼 모든 지역에 보내지는 않았어. 그래서 조선 시대에는 왕의 명령이 각 지방에까지 잘 전달될 수 있었단다.

　조선에서 나라의 실제 살림을 맡아보던 곳은 이조, 호조, 공조, 형조, 예조, 병조, 즉 6조였어. 각 조의 우두머리를 '판서'라고 하는데, 처음에는 이 판서들이 삼정승(영의정, 우의정, 좌의정)과 여러 명의 재상(2품 이상의 관리)으로 구성된 의정부에 나랏일을 보고하면, 정승들이 그중 중요한 일을 추려서 왕에게 보고하는 방식으로 나라를 다스렸지. 하지만 왕의 힘을 중요하게 여겼던 태종은 6조의 판서들이 의정부를 거치지 않고 자기에게 직접 나랏일을 보고하게 했어. 이렇게 왕이 직접 6조의 보고를 받는 방식을 '6조 직계제'라고 해. 태종은 6조 직계제를 통해 왕권 강화를 꾀한 것으로 볼 수 있단다.

7

실록을 기록하다

《조선왕조실록》이라는 이름을 들어 본 적 있니? '실록'은 과거 왕들의 역사를 기록한 책을 말하는데, 《조선왕조실록》은 **조선의 태조 때부터 철종 때까지 25대 472년의 역사를 기록한 책**이야. 기록된 연대가 길고 내용이 자세하다는 면에서 그 가치를 인정받아, 1997년에 **유네스코 세계 기록유산**으로 지정되었단다.

실록은 왕이 죽으면 당시에 있었던 일들을 기록하던 벼슬아치인 **사관**들이 써 놓은 **'사초'**를 기본 자료로 만들어졌어. 사초란, 왕과 그 주변에서 일어난 일을 상세하게 기록해 놓은 것을 말해. 사관은 왕과 신하들의 회의 자리는 물론, 왕이 개인적으로 누군가를 만나는 자리까지 함께 가서 그에 관해 기록했어. 한마디로 왕이 있는 곳이면 어디든 따라다니는 존재였지.

그런데 만약 사관이 왕의 비밀스러운 부분까지 기록했다가 왕이 이를 보고 화를 내면 큰일이잖아? 그런 일을 방지하기 위해 사초는 오로지 사관만 볼 수 있도록 법으로 정해 놓았어. 실제로 세종대왕이 아버지인 태종에 관한 기록을 보여 달라고 했을 때도, 사관들은 그럴 수 없다며 거절했단다. 또 어떤 날에는 태종이 말을 타다가 떨어진 일이 있었는데, 사관에게 이 일은 사초에 기록하지 말라고 했다고 해. 그런데 이 일을 우리가 이렇게 자세히 알고 있는 걸 보면, 사관이 그 당시의 일을 아주 자세하게 기록했다는 걸 알 수 있겠지? 이렇게 비밀이 철저히 지켜졌기 때문에 조선 시대의 사관들은 왕에 관한 일을 사실 그대로 기록할 수 있었단다.

이렇듯 《조선왕조실록》은 역사적 사실을 있는 그대로 기록했던 우리 선조들의 소중한 유산이야.

형 대신 왕이 된 세종

　조선 **제4대 왕**인 **세종**은 **훈민정음**을 만드는 등 훌륭한 일을 아주 많이 해서 흔히 '세종 대왕'이라고 불려. 하지만 어렸을 적 세종은 아버지 태종의 왕위를 물려받을 수 있는 위치가 아니었어. 위로 형이 두 명이나 있었기 때문이지. 먼 옛날 세종의 할아버지인 태조가 막내아들이었던 어린 방석을 세자로 삼자, 아버지인 태종은 맏아들이 세자가 되어야 한다고 주장하며 왕자의 난을 일으켰던 적이 있어. 그러니 태종은 자신이 세자를 정할 때도 당연히 맏아들을 세자로 삼아야 했지. 그리하여 1404년에 태종의 맏아들 **양녕 대군**이 11세의 나이로 세자의 자리에 오른단다.

　하지만 양녕 대군은 세자가 된 그다음 해부터 공부에는 관심을 보이지 않고 사냥만 다녔다고 해. 그래서 세자를 모시는 신하들이 벌을 받기도 했지.

　그렇다고 세자가 십대 시절에 말썽만 부린 건 아니야. 세자는 14세가 되던 해인 1407년에 100여 명의 사신단을 이끌고 명나라에 다녀오기도 했는데, 태종은 이 일로 세자를 매우 대견스러워했어. 아쉬운 점은 이런 태종의 마음이 그리 오래가지는 못했다는 것이지.

　세월이 흘러 세자의 나이가 어느덧 스무 살이 넘자, 그의 행동은 점점 비뚤어져만 갔어. 기생(춤과 노래 등으로 흥을 돋우는 여자)을 궁궐 안으로까지 끌어들여 흥청망청 즐기거나, 때로는 자신이 궁 밖으로 나가서 놀기도 했지. 심지어 남의 아내를 빼앗는 짓도 서슴지 않았어. 결국 태종은 이런 양녕 대군을 계속 세자 자리에 둘 수 없다고 생각했지. 이후 그는 양녕의 아들을 세손으로 삼을 것이냐, 아니면 양녕의 형제들 중 누군가를 세자로 삼을 것이냐를 두고 깊은 고민에 빠졌단다.

　1418년, 태종은 오랜 고민 끝에 양녕 대군을 내쫓고 자신의 셋째 아들인 **충녕 대군**을 새로운 세자로 삼았는데, 이 사람이 바로 세종이야. 태종의 이와 같은 선택은 조선 왕조의 기틀을 튼튼히 다진 세종이라는 위대한 왕이 탄생한 배경이 되었단다.

9

세종은 무슨 일을 했을까?

세종은 왕이 되고 나서 어떤 훌륭한 일들을 했기에 '세종 대왕'이라고 불리는 걸까? 훈민정음을 만든 일에 대해서는 나중에 따로 알아보기로 하고, 여기서는 그 밖의 다른 일들을 살펴보도록 하자.

세종이 한 훌륭한 일들 가운데 첫 번째로 꼽을 수 있는 건 바로 **집현전**을 설치한 일이야. 집현전은 학문을 연구하는 기관으로 세종 때의 정치적, 사회적 안정과 문화 발전에 가장 큰 역할을 한 곳이지. 세종은 이 집현전에서 많은 인재를 길러 냄으로써 나라 발전을 위한 든든한 밑바탕을 마련한단다.

두 번째로는 **기술의 발전**을 들 수 있어. 먼저 우주에 관한 학문인 천문학과 관련해 살펴보면, **1432년 장영실** 등에게 천체의 움직임을 관찰하고 그 위치를 측정하는 기구인 **혼천의**를 만들게 했어. 그리고 1434년에는 해시계인 **앙부일구**와 물시계인 **자격루**를 만들었으며, 경복궁에 **간의대**를 설치해 밤하늘을 관찰하게 했단다. 1441년에는 훗날 **문종**이 되는 세자가 **측우기**를 발명하도록 함으로써 과학적으로 비의 양을 잴 수 있는 제도를 마련하기도 했지. 세종은 이런 기구뿐만 아니라 여러 분야의 책도 펴내어 백성들이 이를 활용하게 했는데, 그중에는 천문학의 **《칠정산》**, 농업의 **《농사직설》**, 의학의 **《향약집성방》** 등이 있단다.

나라를 지키는 국방도 소홀히 하지 않았던 세종은 신기전 같은 무기를 만든 데다가, 압록강 쪽으로는 최윤덕 장군, 두만강 쪽으로는 김종서 장군을 보내어 **4군 6진**을 개척하고 당시 조선을 자주 침략했던 여진족을 막아 냈어. 또 1419년에는 이종무 장군을 보내어 조선에 심각한 피해를 준 왜구가 머물던 **쓰시마섬**(대마도)을 공격하기도 했지.

이처럼 세종은 나라를 다스리던 32년간 많은 훌륭한 일들을 해냄으로써 조선의 기초를 튼튼히 다져 놓았단다.

▲ 혼천의

▲ 자격루

▲ 측우기

조선의 발명왕, 장영실

　세종이 나라를 다스리던 시기의 조선은 과학 기술이 매우 발달한 때이기도 했어. 이때 세종의 명을 받아 훌륭한 과학 기구들을 만든 사람이 바로 **장영실**이야.

　장영실은 원래 부산 동래현의 노비였는데, 어릴 적부터 손재주가 좋기로 소문이 자자했어. 이 소문을 들은 동래현 현감은 장영실을 눈여겨보다가 그를 조정에 추천했고, 그 덕분에 장영실은 임금의 옷을 만드는 상의원에서 일하게 되었지. 그곳에서도 장영실의 뛰어난 손재주는 금방 소문이 났고, 이는 세종의 귀에까지 들어간단다.

　세종은 날짜를 계산하는 방법인 **역법**에 관심이 많았어. 역법은 농사를 짓는 데 아주 큰 영향을 미쳤는데, 그 당시 조선에서는 중국의 역법을 사용하고 있어서 조선의 농사와 잘 맞지 않았지. 그래서 세종은 조선의 역법을 만들고 싶어 했단다.

　역법을 만들려면 우선 하늘의 해와 달, 각종 별을 관측할 수 있는 기구가 필요했어. 이에 세종은 손재주가 뛰어나다고 소문난 장영실을 명나라로 보내, 천문 관측 기구의 제작법을 배워 오라고 명령했지. 그렇게 1년여 동안 많은 것을 배우고 조선으로 돌아온 장영실에게 세종은 상의원의 '별좌'라는 벼슬을 내렸어. 그리고 천문 관측 기구인 **혼천의**와 해시계인 **앙부일구**, 물시계인 **자격루**까지 만들게 했지. 그 후 혼천의로 천체를 관측함으로써 드디어 조선의 역법을 만들 수 있게 되었단다. 장영실은 이외에도 청계천의 물 높이를 알 수 있는 **수표**를 만들었으며, **금속 활자**를 만드는 일에도 참여했어.

하지만 그 후 장영실이 어떻게 살았는지에 대해서는 거의 알려진 바가 없어. 장영실이 만든 왕의 가마가 부서진 후, 그가 벌을 받았다는 것을 끝으로 역사 기록에서 사라졌기 때문이야. 하지만 장영실 덕분에 조선의 과학 기술은 발전할 수 있었고, 그가 만든 기구들이 조선 사람들에게 큰 도움을 준 것만큼은 분명한 일이란다.

11

백성을 가르치는 바른 소리

세종이 한 일들 가운데 오늘날 우리에게까지 가장 큰 영향을 미친 건 아마도 **한글**을 만든 일일 거야. 한글은 매우 과학적이고 배우기 쉽게 만들어진 글자여서 오늘날 그 가치를 더 인정받고 있어. 특히 전 세계에 존재하는 말은 7,000여 개나 되는 데 비해 글자는 50여 개밖에 안 된다는 걸 생각하면, 우리만의 독특하고도 훌륭한 글자인 한글을 만들어 준 세종에게 감사할 수밖에 없지.

그렇다면 세종은 왜 한글을 만든 걸까?《훈민정음해례》에 따르면, 글자를 모르는 백성들을 안타까워한 세종이 새로운 스물여덟 자를 만들었다고 해. 당시에 일반 백성이 글을 모르는 것은 당연한 일이었기에 아무도 이를 걱정하는 사람이 없었지만, 왕으로서 백성들을 위해 직접 글자를 만든 세종은 생각할수록 정말 멋진 왕이었던 것 같아.

그런데 세종은 한글을 만들 때 건강이 좋지 않은 상태였다고 해. 그래서 나랏일의 대부분을 세자에게 맡기고 한글을 만드는 데 온 힘을 기울였지. 마침내 세종은 1443년 12월 30일에 스물여덟 개의 글자를 완성했고, 여기에 '백성을 가르치는 바른 소리'라는 뜻을 지닌 '훈민정음'이라는 이름을 붙였어. 그리고 3년 후인 1446년에 훈민정음의 창제를 세상에 널리 알렸지. 훈민정음이라는 이름은 조선 시대 내내 '정음'이라는 이름으로도 불리다가, 1910년대 일제 강점기 때 주시경 선생이 '한글'이라 바꿔 부르기 시작했단다.

  이처럼 한글은 백성을 사랑하는 세종의 마음 덕분에 탄생할 수 있었어. 그러니 우리도 한글을 소중히 여기는 마음으로 바르고 곱게 사용해야겠지?

조카의 왕위를 빼앗은 세조

1450년, 세종의 뒤를 이어 조선 **제5대 왕 문종**이 왕위에 올랐어. 그런데 평소 건강이 좋지 않았던 문종은 왕위에 오른 지 2년 4개월 만인 1452년에 병으로 세상을 떠나고 말았지. 결국 열두 살의 어린 **단종**이 아버지의 뒤를 이어 왕이 되었단다.

단종이 왕이 되었을 때, 조정은 크게 세 개의 세력으로 나뉘어 있었어. 문종에게서 단종을 잘 보살펴 달라는 부탁을 받은 **김종서, 황보인** 등의 세력과 무인들의 강력한 힘을 바탕으로 떠오른 세종의 눌째 아들 **수양 대군** 세력, 마지막으로 문인들의 도움을 받고 있던 세종의 셋째 아들 **안평 대군** 세력이었지. 이 셋 중 가장 강한 세력은 바로 수양 대군의 세력이었어. 수양 대군은 김종서 등의 신하들이 자기 마음대로 관리들을 뽑아 쓰는 등 나랏일에 참견한다는 소문이 나도는 것을 핑계 삼아, 1453년 10월 10일에 반란을 일으켰어. 수양 대군은 먼저 신하들 가운데 핵심 인물이었던 김종서를 제거하고, 곧장 궁궐에 쳐들어가 자신을 반대하던 신하들까지 죽인 다음 정권을 차지했지. 수양 대군이 계유년에 일으킨 이 반란을 '**계유정난**'이라고 한단다.

그로부터 2년 뒤인 1455년, 단종은 어쩔 수 없이 수양 대군에게 왕위를 물려주어야만 했어. 이렇게 왕이 된 수양 대군이 바로 조선 **제7대 왕**인 **세조**야. 그러나 세조가 왕위에 오른 뒤 어린 조카를 몰아냈다는 이유로 세조에 반대하는 세력들이 여러 번 반란을 일으키는데, 그중 가장 유명한 사건이 **단종 복위 운동**이야. 단종 복위 운동은 1456년에 **성삼문**, **박팽년** 등 여섯 명의 신하가 세조를 제거하고 단종을 다시 왕으로 만들려는 계획을 세우다가 발각되어 죽임을 당한 사건이지. 이 운동에 참여하다 죽임을 당한 여섯 명의 신하들을 '**사육신**'이라고 불러.

세조는 비록 조카의 자리를 빼앗고 정권을 차지한 왕이긴 하지만, 이후 성종 때 조선이 안정된 시기를 맞이할 수 있도록 그 바탕을 마련한 왕으로도 평가받는단다.

훈구파와 사림파

조선의 일곱 번째 임금인 세조 때에는 조정의 관리들 가운데 '**훈구파**' 라고 불리는 무리가 나라의 정치를 이끌어 나가게 돼. 훈구파의 시작은 세조가 본격적으로 권력을 쥐는 계유정난 때부터라 할 수 있는데, 이때 세조의 편에서 그가 권력을 쥘 수 있도록 공을 세운 **한명회**, **정인지**, **신숙주** 같은 사람들은 이후 성종 때까지 강력한 권력을 누린단다. 이렇게 권력을 차지한 훈구파는 그들에 반대하는 다른 파들로부터 종종 공격을 받곤 했지만, 어쨌든 이들은 **조선 전기를 대표하는 정치 세력**이라고 할 수 있어.

그렇다면 당시 조선을 대표하는 정치 세력은 훈구파밖에 없었을까? 당연히 그렇지 않아. 훈구파에 반대하며 힘을 키운 '**사림파**'라는 무리도 있었어. 사림파의 시작은 고려 말기로 거슬러 올라가는데, 그 당시 신진 사대부들이 급진 개혁파와 온건 개혁파로 나뉘었다는 것 기억하지? 급진 개혁파는 새 나라 조선을 세우는 데 참여했고, 온건 개혁파는 조용히 고향으로 가서 제자들을 키우는 데 힘썼어. 그러다가 성종이 강력한 힘을 가진 훈구파를 억누르기 위해 온건 개혁파를 조정으로 불러들였는데, 이들이 바로 사림파의 뿌리가 된단다.

이렇게 사림파는 처음부터 훈구파에 반대하는 사람들로 이루어진 만큼, 연산군 때와 중종 때 훈구파의 공격을 받아 그 힘이 크게 약해지기도 했어. 하지만 사림파는 끈질기게 살아남아 결국 훈구파를 내쫓고 조정을 완전히 손에 넣으며 조선 후기의 정치를 이끌어 나가지. 우리가 나중에 배울 붕당 정치도 바로 이 사림파의 이야기란다.

이처럼 훈구파와 사림파는 각각 조선 전기와 후기를 대표하는 정치 세력이라 볼 수 있어.

14

조선을 완성한 성종

세조가 죽고 그의 둘째 아들 **예종**이 왕위를 물려받았지만, 예종도 왕이 된 지 1년 만에 아들을 얻지 못한 채 세상을 뜨고 말아. 그러자 당시 왕실의 최고 어른이었던 정희 왕후가 예종의 형이자 왕위에 오르기 전 병으로 죽은 의경 세자의 둘째 아들을 새 왕으로 삼았어. 그가 바로 조선의 **제9대 왕**인 **성종**이야. 성종은 1469년 열세 살의 어린 나이로 왕위에 올랐으나, 1494년 그가 세상을 뜰 때까지 훌륭한 정치를 펼쳐서 조선의 각종 제도를 완성한 왕으로 평가받고 있어.

우선 성종이 이뤄 낸 일들 가운데 가장 첫 번째로 꼽을 수 있는 것은 **《경국대전》**의 완성이야. 《경국대전》은 **조선의 기본 법전**으로, 이후 조선이라는 나라가 이 법전을 바탕으로 다스려졌다는 면에서 아주 중요하지. 본래 《경국대전》은 세조 때 처음 만들어지기 시작했는데, 여러 번 고친 끝에 성종 때 이르러서야 완성되었단다.

두 번째는 **사헌부**와 **사간원**을 잘 이용했다는 점이야. 사헌부는 신하들의 비리를 캐내어 처벌하는 곳이었고, 사간원은 임금이나 신하들의 말 또는 행동에 잘못이 있을 경우, 이에 대해 쓴소리하는 역할을 하는 곳이었어. 고려 때부터 있었지만, 특히 성종 때 그 역할이 커지면서 조선 시대 내내 활발하게 활동했단다.

세 번째는 만주 지방에 살던 **여진족**을 혼내 준 일이야. 성종은 1479년과 1491년에 여진을 공격했는데, 이때 비록 죽이거나 사로잡은 여진족 병사의 수는 적었지만 조선 병사는 단 한 명도 잃지 않고 거둔 승리였기에 큰 의미가 있단다.

이렇게 성종은 여러 가지 훌륭한 일을 이루어 조선이 발전해 나갈 수 있도록 기초를 든든히 다졌어. 하지만 누가 알았을까? 이렇게 뛰어난 왕의 아들이 조선 최악의 왕이 될 줄을 말이야.

《경국대전》은 어떤 책이었을까?

《경국대전》은 세조 때 만들어지기 시작해서 성종 때 완성된 조선의 기본 법전이야. 조선 후기에 접어들면서 당시 시대에 맞지 않는 법들을 고쳐 또 다른 법전을 펴내긴 하지만, 그런 법전들도 결국 《경국대전》을 기본 바탕으로 만들었기 때문에 《경국대전》의 가치는 결코 줄지 않지.

그렇다면 조선은 성종 때까지 법전이 없었던 걸까? 그건 아니야. 조선이 세워지자마자 **정도전**은 《조선경국전》이라는 법전을 만들었어. 그리고 그 뒤에도 《조선경국전》의 부족한 부분을 보충한 《경제육전》, 《속육전》과 같은 법전이 나왔지. 그런데 이렇게 여러 개의 법전이 만들어지자, 법전을 하나로 통일할 필요가 생겼어. 이에 세조가 여러 개의 법전을 합치고, 부족한 점을 고쳐 새로운 법전을 만들 것을 계획한 거지.

《경국대전》은 《조선경국전》처럼 **6부**로 이루어져 있어. 그 이유는 조선의 조정이 **6조**로 되어 있었기 때문인데, 6조는 **이조**, **호조**, **예조**, **병조**, **형조**, **공조**를 가리킨단다. 이조는 관리를 뽑고 그 관리가 해야 할 역할과 관련한 일을, 호조는 나라의 돈과 관련한 일을, 예조는 외교와 나라의 예법과 관련한 일을, 병조는 국방과 관련한 일을, 형조는 형벌과 관련한 일을, 공조는 도로와 건축 등과 관련한 일을 처리했어. 그러니까 《경국대전》의 6부도 이 6조와 관련된 법률을 다룬 것이지.

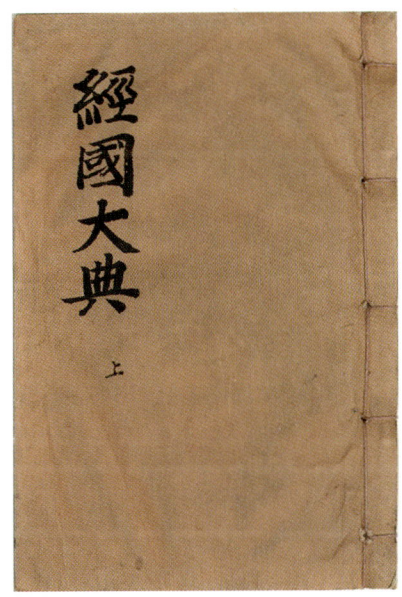 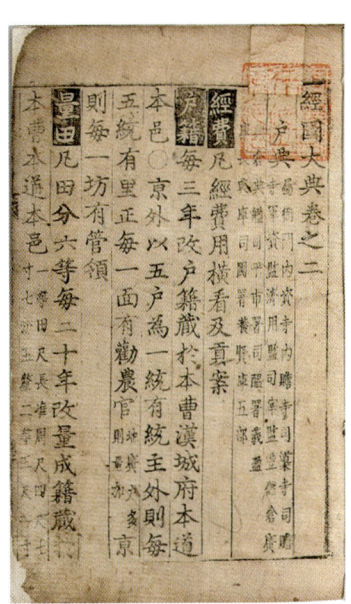

▲ 《경국대전》 표지와 속지

이렇게 《경국대전》이 조선이라는 나라의 사소한 살림살이 하나하나까지 전부 다루었다 보니, 이 법전을 통해 당시 조선 사람들의 삶의 모습을 조금이나마 상상해 볼 수 있어. 그중에는 지금 보아도 놀라운 부분들이 있단다. 그럼 《경국대전》의 내용을 좀 더 구체적으로 살펴볼까?

먼저 조선 시대의 관리들은 몇 시에 출근하고 퇴근했을까? 《경국대전》에 따르면, 조선 시대 관리들은 여름철에는 아침 5~7시 사이에 출근해서 저녁 5~7시 사이에 퇴근했어. 요즘보다는 좀 더 오래 일했던 것 같아. 또 조선 시대 관리들은 가까운 친척끼리 같은 관아에서 근무할 수 없었고, 6월과 12월에 근무 평가서를 만들어 왕에게 보고도 해야 했어. 어때, 생각보다 꽤 엄격했지? 그런데 놀라운 점은 그 당시에도 출산 휴가 제도가 있었다는 거야. 관아에서 일하는 여자 노비가 임신하면 아기를 낳기 전 30일, 낳은 후에 50일 동안 휴가를 쓸 수 있었고, 그 남편에게도 15일의 휴가가 주어졌어. 또 가난해서 시집을 못 가는 사람에게는 나라에서 결혼 비용을 보태 주는 독특한 복지 제도도 있었단다. 더 놀라운 점은 부모가 아들딸 구별 없이 모든 자녀에게 똑같이 재산을 상속했다는 거야. 이건 아마도 조선 초기라서 가능했을 것으로 추측하는데, 남녀 차별이 심했던 조선 후기와 비교해 보면 훨씬 평등한 사회였던 것 같지?

선비들, 화를 당하다

　1494년, 성종이 죽고 그의 아들이 열여덟 살의 나이로 왕이 되었어. 그가 바로 **연산군**으로 불리는 조선의 **제10대 왕**이야. 그런데 왜 연산군은 다른 왕들처럼 이름이 '종'이나 '조'로 끝나지 않을까? 그 이유는 연산군이 왕일 때 온갖 나쁜 일을 저지르다 중간에 쫓겨났기 때문이지. 이와 관련하여 연산군 시절에 일어난 두 번의 사화를 중심으로 연산군이 왜 왕의 자리에서 쫓겨나게 되었는지 살펴보도록 하자.

　사화란 '선비가 화를 입었다'는 뜻인데, 어떤 일 때문에 아주 많은 선비들이 처벌받는 일을 뜻해. 연산군이 쫓겨나는 데는 이 두 번의 사화가 아주 중요한 역할을 하지. 연산군의 아버지인 성종은 첫째 왕비인 공혜 왕후가 죽고 나서 후궁이었던 윤씨를 왕비로 삼았는데, 윤씨는 왕비가 된 그해에 왕자를 낳았어. 이 왕자가 바로 연산군이지. 그런데 윤씨는 왕자를 낳은 후부터 질투가 심해지더니, 심지어 후궁들에게 몰래 독을 써서 죽이려고 하는 등 왕비로서 하면 안 되는 일을 몇 차례 저지르고 말아.

이에 성종은 윤씨를 왕비의 자리에서 내쫓고 궁 밖으로 내보낸 다음, 몇 년 후에 사약을 내린단다. 어머니가 사약을 받고 죽었으니, 연산군에게는 아무도 이 일에 대해 말해 주지 않았어. 그러다가 왕이 된 직후, 연산군은 어머니의 죽음에 대한 진실을 알게 되지.

연산군 때 일어난 첫 번째 사화는 **1498년 무오년**에 일어났다고 해서 '**무오사화**'라고 해. 이는 성종의 실록을 만들던 중, 사초에서 세조의 잘못을 꼬집은 내용이 발견되면서 시작됐지. 연산군은 훈구파의 뜻에 따라 그 사초와 관련된 사람을 모두 죽이거나 조정에서 쫓아냈어. 이때 화를 당한 선비들은 주로 사림파였는데, 평소 자신이 어떤 결정을 내릴 때마다 반대하고 나서던 사림파 선비들을 못마땅하게 여긴 연산군의 개인적인 감정도 섞여 있었을 것으로 추측해. 왕의 잘못된 행동에 대해 쓴소리 하는 게 일인 사간원의 사림파 관리들이 공격 대상이 되었던 것이지.

두 번째 사화는 **1504년**에 일어난 **갑자사화**야. 갑자사화는 크게 대수롭지 않은 일에서부터 시작되지. 어느 날 연산군이 홍귀달이라는 신하에게 그의 손녀를 궁으로 들이라고 명했는데, 홍귀달은 그 명에 따르지 않았어. 이에 연산군은 무척 화를 내며, 앞으로는 임금을 무시하는 신하들을 벌주겠다고 선언한단다. 연산군의 1차 목표는 자신의 어머니인 윤씨를 죽이는 데 찬성했거나 적극적으로 반대하지 않았던 신하들이었어. 하지만 나중에 연산군은 자신의 귀에 조금이라도 거슬리는 말을 하는 신하는 모두 죽여 버렸지. 상황이 이렇다 보니, 신하들은 자신의 목숨을 지키기 위해서라도 서둘러 해결 방법을 찾아야만 했어. 과연 연산군의 앞날은 어떻게 펼쳐질까?

17

조선 최초의 반정이 일어나다

앞에서 살펴보았듯 연산군은 나라를 다스리는 일은 소홀히 하면서, 이를 지적하는 신하들에게는 임금을 무시한다는 죄를 뒤집어씌워 무거운 벌을 내렸어. 그는 매일 술을 마시거나 사냥을 즐기며 놀기에만 바빴고, 심지어 백성들이 살던 집을 없애고 그곳에 사냥터를 만들기도 했지. 또 나라에 흉년이 들어 백성이 굶고 있을 때도 연산군은 잔치를 벌이고 노는 데 나랏돈을 펑펑 썼어. 그러다 쓸 돈이 다 떨어지면 세금을 더 걷기도 했단다. 이처럼 연산군이 나라를 다스리던 시기의 정치는 죽은 어머니와 관련한 연산군 개인의 복수심과 훈구파와 사림파의 힘겨루기, 왕실을 등에 업은 세력들로 인해 굉장히 혼란스러웠어.

이런 상황 속에서 신하들은 몰래 **반정(옳지 못한 임금을 내쫓고 새 임금을 세워 나라를 바로잡는 일)** 을 준비하기 시작했어. 이를 맨 처음 준비한 사람은 **성희안** 으로, 그는 자신과 뜻을 같이하는 사람들을 모아 반정을 일으킬 준비를 했지. 드디어 모든 준비를 마친 그들은 연산군이 지방으로 여

행을 떠나는 날 반정을 일으키기로 했는데, 출발을 하루 앞두고 갑자기 연산군이 여행을 취소해 버리고 말아. 다음 날 있을 반정을 위해 벌써 군사들까지 모아 둔 상태였기에 날짜를 미룰 수 없었던 그들은 1506년 9월 2일 새벽, 예정대로 반정을 일으켰어. 그러자 연산군의 난폭함에 숨죽이고 있던 다른 신하들도 힘을 합쳐 주었고, 덕분에 반정은 순조롭게 진행되었지. 반정을 일으킨 사람들은 연산군의 동생인 진성 대군의 집으로 가 그에게 새로운 왕이 되어 줄 것을 부탁했어. 그런 다음 신수근, 임사홍 등 연산군과 가장 가까웠던 신하들을 없애고 연산군을 붙잡은 후, 대비에게 가서 그들이 일으킨 반정을 인정받았지. 이 사건이 바로 조선 최초의 반정인 **'중종반정'**이란다.

18

개혁을 시도한 조광조

조선의 제11대 왕이 된 중종은 반정으로 쫓겨난 연산군 대신 자신이 왕이 된 것이 옳은 일이었음을 증명하기 위해 새로운 정치를 펼쳐 나가기로 결심했어. 그리하여 무오사화 이후 조정에서 영향력을 잃고 숨죽여 지내던 사림파를 다시 불러들여 성리학을 바탕으로 한 정치를 펼쳤지.

1515년, 중종은 자신을 왕으로 만들어 준 공신들의 눈치를 보느라 곁에 둘 수 없었던 조광조를 비롯한 사림파 신하들을 본격적으로 불러들여 새로운 정치를 시작한단다. 중종은 그동안 정치와 관련하여 조광조가 주장해 온 생각과 자신의 생각이 같음을 느끼고, 결국 조광조의 주장을 따르기로 했지. 그리하여 조광조는 하늘과 땅, 별에 제사를 지내던 소격서를 없앴고, 추천을 통해 인재를 뽑는 현량과를 실시했어. 또한 착한 사람은 복을 받고 나쁜 사람은 벌을 받으며, 서로 돕고 사는 것을 목표로 하는 향약을 전국적으로 실시함으로써 성리학적 질서가 조선 사회에 깊이 뿌리내리게 한단다.

　하지만 조광조의 개혁은 너무 급하게 진행되었고, 결국 이는 훈구파 신하들의 반대에 부딪히게 돼. 특히 조광조는 중종반정 이후 공신으로 뽑힌 사람 중 가짜 공신이 많다고 주장하며 공신 목록을 다시 손보게 만들었는데, 이 일로 인해 결국 훈구파의 불만이 폭발하고 말아. 심지어 그때까지 사림 세력의 든든한 버팀목이 되어 주던 중종의 화까지 불러일으켰단다. 중종은 일단 조광조의 주장을 들어주었지만, 며칠 뒤에 갑자기 조광조를 비롯한 사림파의 주요 신하들을 체포하고 귀양을 보냈어. 그리고 공신 목록을 삭제했던 것도 원래대로 되돌려 놓았지. 중종은 대체 왜 이런 결정을 내렸던 걸까?

　중종반정과 관련 있는 공신 문제는 아무리 조광조의 주장이라 하더라도 중종의 입장에서는 받아들일 수 없는 것이었어. 그리고 중종의 곁에 있던 훈구파 신하 몇몇이 계속 조광조에 대해 안 좋게 말하기도 했지. 이와 관련하여 훈구파 신하들 중 남곤이라는 사람이 나뭇잎에 꿀로 '조씨가 왕이 된다(주초위왕)'는 글씨를 써서 벌레가 이 부분을 파먹게 한 뒤, 그 나뭇잎을 중종에게 보여 주어 중종과 조광조 사이를 멀어지게 했다는 이야기도 있단다. 또 공신 목록 삭제 사건 때 중종이 몇 달 동안이나 반대를 했음에도 끝내 허락을 받아 내고야 말았던 조광조의 고집스러운 태도에 크게 실망했을 수도 있어.

어쨌든 중종은 조광조와 많은 사림파 신하를 귀양 보내거나 조정에서 내쫓았어. 그리고 조광조에게는 끝내 사약을 내리고 말았지. 1519년 기묘년에 있었던 이 사건을 '기묘사화'라고 해.

붕당 정치의 시작

조선 후기를 이해하려면 반드시 알아야 할 것이 있어. 바로 **붕당**이야. 붕당이란, 정치적으로 같은 생각을 갖거나 이익과 손해가 있고 없음에 따라 만들어진 선비들의 모임을 말해. 그러니까 지금으로 치면 정당과 비슷하다고도 볼 수 있어. 그리고 서로 뜻이 다른 붕당끼리 맞서는 것을 **'당쟁'**이라고 하는데, 붕당은 훈구파가 아닌 **사림파**에서만 나타났다는 특징이 있단다.

그렇다면 조선에 붕당이 처음 나타난 것은 언제일까? 그건 조정에서 훈구파의 영향이 약해지고 사림파가 권력을 잡은 **선조** 때였어. 1575년, 이조의 벼슬 가운데 여러 관리를 추천하는 자격을 갖는 이조 전랑 자리가 비게 되었어. 이때 조정의 신하들은 심의겸과 김효원 두 사람을 지지하면서 각각 두 패로 나뉜단다. 이 사건을 **'동서 분당'**이라고 해. 당시 심의겸을 지지한 사람들을 **'서인'**, 김효원을 지지한 사람들을 **'동인'**이라고 했는데, 그건 심의겸의 집이 서울 서쪽에, 김효원의 집이 서울 동쪽에 있

었기 때문이야.

    이렇게 서인과 동인의 갈등이 계속되던 끝에 결국 서인들이 정권을 잡게 되었지만, 1591년 서인의 우두머리였던 **정철**이 선조에게 광해군을 세자로 정할 것을 권하다가 선조의 분노를 산 나머지 귀양을 가고 말아. 이로 인해 권력은 순식간에 동인들에게로 넘어가지. 본래 동인들과 정철은 서로 원한이 있는 관계였는데, 때마침 동인이 정철을 벌할 수 있는 절호의 기회가 찾아온 거야. 그런데 이때 동인들은 또다시 정철을 엄하게 벌해야 한다고 주장하는 사람들과 가벼운 처벌만 하자는 사람들로 나뉘는데, 이들을 각각 '**북인**'과 '**남인**'이라 한단다.

    이처럼 조정에서 두 파가 서로 맞서는 상태는 세월이 흘러 **제18대 왕 현종** 때까지 계속되고 있었어. 당시 조정은 **송시열**이라는 서인의 우두머

리와 윤후라는 남인의 우두머리가 대립하고 있었지. 그런데 서인 중 한 명이었던 윤선거라는 사람이 이런 상황을 안타깝게 여기고 두 사람을 화해시키려 노력했지만 뜻을 이루지 못했단다. 오히려 송시열은 이런 노력을 한 윤선거를 비난하기까지 했지. 송시열의 제자였던 윤선거의 아들 윤증은 아버지를 대하는 스승의 태도를 보고 너무 실망한 나머지 스승과 갈라서고 말아. 이후 평소 송시열에게 불만이 있던 서인들이 윤증을 중심으로 모여들었어. 이렇게 서인들은 또다시 이이와 송시열을 따르는 **노론**, 성혼과 윤선거를 따르는 **소론**으로 나뉘었지.

 이렇게 조선 후기에 접어들면서 나타난 네 가지 붕당, 즉 남인, 북인, 노론, 소론을 '**사색당파**'라고 한단다.

임진왜란은 어떻게 일어났을까?

도요토미 히데요시는 15세기 중반부터 16세기 말에 걸쳐 약 130년 동안 혼란의 시기였던 일본의 전국 시대를 끝낸 사람이었어. 그런데 그는 일본을 넘어 조선을 집어삼키고, 심지어 명나라까지 차지하겠다는 커다란 욕망을 드러냈지.

1587년, 히데요시는 대마도의 도주 소 요시토시를 불러들여 일본이 명나라를 치는 데 길을 내어 줄 것을 조선에 요청하라고 명령했어. 평소 무역 때문에 조선을 자주 오갔던 요시토시는 조선이 일본의 요청을 받아들이지 않을 것임을 누구보다 잘 알고 있었지만, 그렇다고 히데요시의 명령을 어길 수도 없는 이러지도 저러지도 못하는 상황에 놓였어. 결국 그는 히데요시의 말을 조선에 그대로 전하지 않고, 일본으로 통신사를 보내 달라고 바꿔 말하며 조선과 의논을 했어. 그 결과, 3년간의 의논 끝에 조선으로부터 일본에 통신사를 보내겠다는 약속을 받아 낸단다.

이때 조선의 조정은 **동인**과 **서인**으로 나뉘어 있었는데 통신사의 우두머리는 서인인 **황윤길**로, 그 아래는 동인인 **김성일**로 정해졌지. 그런데 두 사람은 일본에 다녀온 후 **선조**에게 서로 다른 내용을 보고했어. 선조가 두 사람에게 전쟁이 일어날 것 같냐고 묻자, 황윤길은 곧 전쟁이 일어날 것이라고 말한 반면, 김성일은 그렇지 않을 거라고 했던 거야. 당시 조정은 김성일이 속한 동인이 권력을 잡고 있었기에, 선조는 전쟁이 나지 않을 것이라는 김성일의 말을 믿기로 했어. 이 때문에 조선은 결국 전쟁에 대한 대비를 전혀 하지 못했단다.

이것이 바로 임진왜란 1년 전의 상황이야. 그런데 선조에게 잘못된 보고를 한 동인이 한 가지 잘한 일이 있다면, 그것은 동인인 유성룡이 **이순신** 장군을 전라 좌수영의 수군절도사로 승진시켰다는 거야. 그때는 몰랐겠지만, 이 선택이 조선을 구하는 신의 한 수가 된단다.

21

23전 23승의 신화

전쟁이 일어날 일은 없다며 조선이 안심하고 있을 때, 어느덧 조선으로 쳐들어갈 준비를 마친 일본은 **1592년 4월 13일**에 20만 대군을 이끌고 부산 앞바다에 나타났어. 이것이 바로 **임진왜란**의 시작이었지. 결국 조선군은 단 이틀 만에 일본군에게 부산성과 동래성을 내어 주었고, 4월 28일에는 신립 장군이 이끄는 기병 8,000명이 충주 탄금대에서 처참하게 패했으며, 전쟁이 시작된 지 약 20일이 지난 5월 2일에는 한양을 빼앗기는 등 큰 어려움을 겪었단다. 하지만 바다에서는 사정이 달랐어.

임진왜란이 시작되기 약 1년 전, 전라 좌도의 수군(바다를 지키는 군대)을 이끄는 **전라 좌수영 수군절도사**가 된 **이순신**은 일본이 반드시 쳐들어올 거라는 확신을 갖고 있었어. 그래서 미리 필요한 식량을 모으고, 대포를 수리했으며, 조선의 전함인 **판옥선**(널빤지로 지붕을 덮은 배)과 **거북선**을 만드는 등 전쟁에 착실히 대비했단다.

그 결과, 5월 7일에 일어난 첫 번째 전투인 **옥포 해전**에서 이순신의 함대(바다에서 싸우는 해군의 연합 부대)는 일본군을 크게 무찔렀어. 이때 일본군은 배 수십 척과 병사 수천 명을 잃었지만, 조선군의 피해는 거의 없었지. 상황이 이렇게 되자, 처음에는 겁을 내던 조선 수군들도 점차 이길 수 있다는 자신감이 생겼어. 그렇게 이순신 함대는 옥포, 합포, 적진포에서 일본군을 차례로 무찌르고, 5월 8일에 기지인 여수로 돌아왔단다. 그 후에도 이순신과 그의 함대는 사천 등지에서 일본군을 한 번 더 무찌르는데, 이때 처음으로 거북선이 등장했지.

한편, 조선 수군이 계속 승리하자 화가 잔뜩 난 도요토미 히데요시는 이순신을 잡아 오라며 자신이 가장 믿는 장수를 보냈어. 일본군은 이순신을 잡기 위해 함대 70여 척을 거제와 통영 사이의 폭이 아주 좁은 바다인 견내량 근처에 두었지. 이순신은 견내량 건너편에 일본 함대가 있음

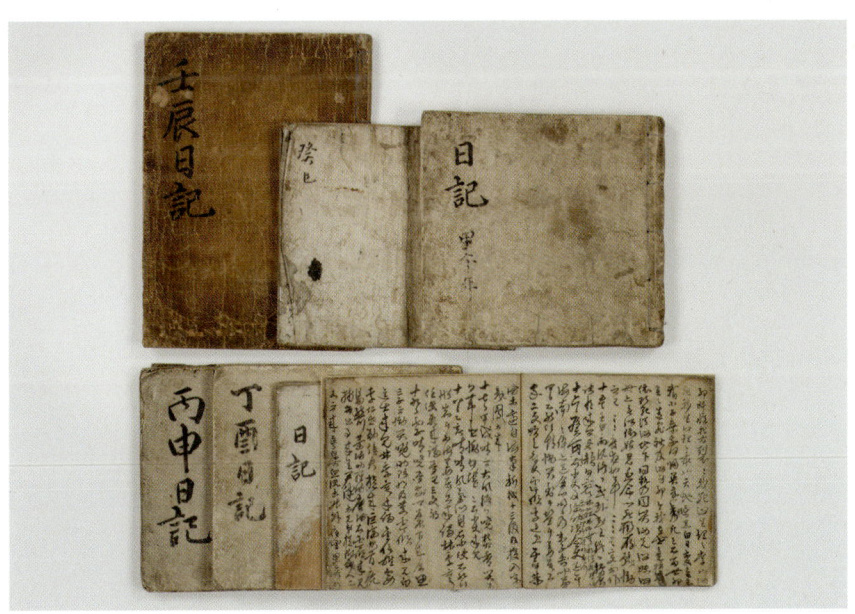

▲ 《난중일기》

을 발견하고, 판옥선 대여섯 척을 견내량으로 보내 일본 함대를 넓은 바다로 유인하는 계획을 세웠어. 왜냐하면 견내량은 폭이 너무 좁아서 조선 함대가 마음대로 배를 움직일 수 없었거든.

다행히도 이순신의 작전은 통했어. 조선의 판옥선이 도망가는 척하자 일본 함대가 일제히 그 뒤를 쫓아 넓은 바다로 나왔고, 그곳에서 50여 척의 조선 함대와 맞닥뜨리고 말았지. 이순신은 기회를 놓치지 않고 곧바로 **학익진(학이 날개를 편 듯이 진을 쳐서 적을 둘러싸는 방법)**을 펼쳐 일본 함대를 에워싼 후, 대포를 쏘아 폭파시켜 바다로 가라앉게 했단다. 이때 일본 함대는 전함 59척을 잃었지. 이 전투를 **'한산도 대첩'**이라고 해. 한산도 대첩 이후 일본의 배들은 부산에 틀어박혀 나오지 않았고, 혹시라도 이순신 함대와 마주치면 도망가기에 바빴다고 해.

의병의 활약

이순신이 승리를 이어 가던 바다에서와는 다르게, 육지의 전투에서 조선군은 일본군에게 잇따라 지고 있었어. 결국 백성들은 스스로 군대를 만들어 자신이 살고 있는 지역을 지키기로 했지. 이렇게 나라가 위기를 맞았을 때, 백성들이 스스로 만든 군대를 '**의병**'이라고 한단다. 우리나라에서는 특히 임진왜란과 조선 말기에 의병이 활발히 활동했어.

임진왜란 때 가장 먼저 의병을 일으킨 사람은 경상도 지역의 **곽재우** 장군으로, 임진왜란이 일어나고 10일 만에 의병을 만들었단다. 곽재우는 고향인 의령을 중심으로 활동했는데, 정암진이라는 곳에서 일본군을 크게 무찔러 전라도를 지키는 데 큰 공을 세웠어. 또 제1차 진주성 전투에도 참여하여 성 밖에서 일본군을 공격하기도 했지. 곽재우 장군은 전투 때마다 붉은 옷을 입고 싸워서 '**홍의 장군**'이라고도 불리었단다.

한편, 전라도 지역에서는 **고경명** 장군이 의병장으로 활약했어. 고경명

은 전라도에서 의병들을 모아 큰 부대를 만든 다음, 일본군이 쳐들어간 금산성으로 달려갔지. 그는 조선군과 힘을 합쳐 이틀간 치열한 전투를 벌였지만, 조선군이 지키고 있던 쪽이 먼저 무너지면서 함께 포위당해 의병들과 죽음을 맞고 말아.

그런데 이 금산성을 구하러 달려온 다른 의병도 있었어. 바로 충청도 옥천을 중심으로 활동하던 조헌 장군이야. 조헌은 일본군이 금산성을 차지했다는 소식을 듣고 의병 700명과 함께 금산성으로 달려갔어. 그런데 이들에게 힘을 보태기로 한 권율 장군이 군사를 보내지 못했고, 결국 조헌을 포함한 의병들 모두 죽고 말지. 이틀 뒤에 조헌의 제자가 그와 다른 의병들의 시체를 거두어 하나의 무덤을 만들었는데, 이를 '700의총'이라 불러.

임진왜란 때 활약한 의병 중에는 승병들도 있었어. 승병이란, 스님들로 구성된 의병이야. 본래 불교는 살아 있는 생물을 죽이는 일을 금하기 때문에, 스님은 사람을 죽이는 의병이 될 수 없어. 하지만 나라가 어려운 상황에 빠진 걸 모른 척할 수 없었던 조선의 스님들은 의병이 되어 일본군에 맞서 싸웠단다. 승병이 참여한 주요 전투로는 앞에서 살펴본 금산성 전투가 있고, 두 번의 진주성 전투와 그 유명한 **행주 대첩**이 있어. 이렇게 스님들은 임진왜란 초기 중요한 전투에 빠짐없이 참여하는가 하면, 나중에는 성을 쌓거나 농사를 지어서 식량을 생산하는 등 전쟁이 끝날 때까지 여러 가지 역할을 해냈단다.

　이처럼 우리 조상들은 나라가 어려워지면 누구랄 것 없이 모두가 발 벗고 나섰어. 이러한 정신은 지금까지도 이어져 우리나라가 위기를 맞을 때마다 그 힘을 발휘하고 있단다.

▲ 700의총

임진왜란의 3대 대첩

한산도 대첩 이후, 임진왜란은 과연 어떻게 진행되었을까? 이순신이 전투마다 승리를 이끌며 큰 공을 세우자, 일본은 어쩔 수 없이 전투 계획을 수정할 수밖에 없었어. 본래 일본은 육군이 땅 위에서 빠르게 북쪽으로 치고 올라가면, 식량이나 그 밖의 다른 전쟁 물품은 바다로 옮길 생각이었어. 즉, 서해를 따라 배를 북쪽으로 이동시킨 다음, 한강이나 대동강 등에서 강을 타고 거슬러 올라가 육지 안쪽 깊은 곳까지 전쟁 물품을 옮긴다는 계획이었지. 하지만 이와 같은 일본의 작전은 이순신 때문에 모두 물거품이 되고 말았단다.

그렇다면 일본군은 전쟁 물품을 어떻게 운반했을까? 우선 일본에서 배로 실어 보낸 물품을 부산에 모아 두었다가, 이곳에서 수레에 싣고 땅 위의 길을 이용해 목적지까지 옮겨야 했어. 그런데 수레로 물품을 옮기기에는 당시 조선의 길이 매우 험했으므로, 일본군은 군사들에게 전쟁 물품을 충분히 전달해 줄 수가 없었단다. 일본군이 평양을 점령하고 난 뒤

더 북쪽으로 치고 올라가지 못한 이유가 바로 여기에 있었지.

 이와 같은 이유로 먹을 것을 충분히 받을 수 없었던 일본군은 조선에서 쌀이 가장 많이 생산되는 전라도를 공격하려는 계획을 세웠어. 하지만 권율과 황진이 이끄는 **웅치·이치 전투**에서의 패배를 비롯하여, **진주성 전투**에서는 3만 명의 군사로 3,000명의 조선군에 지는 바람에 일본의 전라도 공격은 완전히 실패하고 말았지. 진주성에서 일본군에 맞서 큰 승리를 거둔 이 전투를 '**진주 대첩**'이라고 해.

 1593년에는 **명나라**가 조선을 돕기 위해 지원군을 보냈어. 조선에 도착한 명나라 군대는 곧장 조선군과 힘을 합쳐 빼앗긴 평양을 되찾았지. 남쪽으로 후퇴한 일본군은 한양 남쪽 지역에 자리를 잡았어. 이때 전라도 관찰사였던 **권율** 장군은 **행주산성**으로 들어갔고, 그해 2월 12일에 권율 장군이 이끄는 조선군 수천 명과 일본군 3만여 명이 결국 행주산성에

▲ 진주 대첩 기록화

서 맞붙게 된단다. 12일 새벽부터 다음 날 새벽까지 계속된 이 전투에서 조선군은 기적처럼 승리를 거두었고, 일본군은 한양에서 후퇴해 더 아래쪽인 남해안으로 물러나야만 했어. 이후 전쟁의 기운이 점차 수그러들면서 명나라와 일본은 전쟁을 멈추기 위한 논의에 들어갔지.

이와 같은 결과를 만들어 낸 행주산성에서의 전투를 '**행주 대첩**'이라고 해. 이 행주 대첩을 포함하여 앞서 소개한 **한산도 대첩**, **진주 대첩** 등 세 개의 전투를 '**임진왜란의 3대 대첩**'이라고 한단다.

임진왜란의 끝

　이순신의 활약과 명나라의 도움으로 위기에 몰린 일본은 명나라와 서로의 조건을 들어주기로 하고 전쟁을 끝내려 했어. 하지만 두 나라는 상대방이 도저히 받아들일 수 없는 조건을 요구하면서 애꿎은 시간만 흘려보냈지.

　그렇게 4년이라는 세월이 흐르면서 조선에는 큰 변화가 일어났어. 이순신이 해군 사령관인 삼도 수군통제사 자리에서 쫓겨난 거야. 이전부터 선조는 이순신을 내쫓으려 벼르고 있었는데, 이순신을 모함하는 **원균**의 상소가 이런 선조의 마음에 불을 붙이고 말았지. 선조는 조정 대신들의 반대에도 불구하고 임금을 속였다는 죄로 이순신을 잡아들이고, 원균으로 하여금 그의 자리를 맡게 했어. 하지만 원균은 선조의 강요로 부산포 공격에 나섰다가 일본 함대에 쫓겨 거제도의 칠천량에서 일본군에게 크게 지고 말았단다. 결국 조선은 판옥선 대부분과 수천 명의 수군을 잃었

고, 원균도 이때 전사하고 말아. 이 전투를 '칠천량 해전'이라고 해.

조선 수군이 바다에서 모습을 감췄다는 소식은 일본에도 전해졌어. 그 동안 이순신이 이끄는 조선 수군 때문에 바다 위에서는 아무것도 할 수 없었던 일본은 이때다 싶은 생각에 다시 조선으로 쳐들어왔어. 이를 '정유재란'이라고 한단다.

약 한 달 동안 옥살이를 하다가 겨우 풀려난 이순신은 칠천량 전투 소식을 듣고는 하염없이 울었다고 해. 하지만 이순신은 곧 권율 장군의 허락을 얻어 수군의 피해 상황을 직접 살피기 위해 움직였어. 그리고 조정에서도 이순신에게 다시 삼도 수군통제사 자리를 맡겼지. 이순신은 살아남은 병사들과 식량 그리고 칠천량 해전 당시 배설 장군이 가지고 도망쳤던 판옥선 열두 척을 찾으면서 한 달여 만에 다시 수군을 이끌게 되었어.

하지만 이들에게는 조선의 운명이 걸린 진짜 싸움이 남아 있었어. **1597년 9월 16일** 새벽, 이순신은 진도와 해남 사이의 바다에서 단 열세 척의 판옥선으로 133척의 일본 함대를 쳐부수는 데 성공해. 이를 '**명량 대첩**'이라고 한단다. 이 전투는 남해 바다를 통해 서해로 올라가려던 일본의 계획을 물거품으로 만들면서 전쟁의 흐름을 다시금 조선에 유리하게 만들어 주었지.

명량 대첩 이후 계속 남해안에 갇혀 있던 일본 수군은 도요토미 히데요시가 죽자 일본으로 군사를 물렸고, 이로써 7년간의 길었던 전쟁도 끝을 맺는단다.

조선의 도자기

우리는 앞에서 고려 시대에는 청자가 큰 인기를 얻었다는 것에 대해 알아봤어. 그렇다면 조선 시대에는 어떤 도자기가 유행했을까?

조선은 성리학을 따르는 사대부들이 세운 나라라는 사실을 기억하고 있지? 사대부들은 화려하고 고급스러운 물건보다는 검소하고 소박하면서도 청결하고 멋스러운 물건을 좋아했어. 그래서 청자보다는 **분청사기**를 더 좋아했단다. 분청사기란 청자를 만들던 흙으로 도자기를 빚은 후 그 위에 백토(흰 빛깔을 띤 부드럽고 고운 흙)를 발라서 구운 것인데, 청자에서 백자로 넘어가는 중간 단계의 기술이라고 할 수 있어. 분청사기는 조선이 세워질 무렵에 아주 많이 만들어졌단다.

이렇게 도자기를 만드는 기술이 점점 좋아지자, 본격적으로 **백자**가 만들어지기 시작해. 특히 왕실에서 은그릇 대신 백자를 사용하는 것이 알려지면서 이를 부유한 양반집에서도 따라 했고, 점차 백자를 사용하는 사람이 많아지자 자연스럽게 생산량도 늘어났단다.

한편, 조선의 백자는 시기에 따라 유행하던 종류가 조금씩 달랐어. 백자가 처음 만들어졌던 시기에는 순백자가 인기였는데, 푸른 물감을 쓰는 청화 백자는 그보다 드물고 귀했지만 이 또한 많은 사랑을 받았지. 그러다 전쟁 때문에 제대로 된 물감을 구할 수 없게 되자, 한동안 철이 섞인 물감으로 철화 백자를 만들었단다. 그 후 영조와 정조가 다스리던 시기에는 다시 달항아리와 같은 순백자가 인기를 끌게 되지.

아래의 사진은 조선에서 유행했던 여러 도자기야. 함께 감상해 보자.

▲ 분청사기 상감 구름 용무늬 항아리

▲ 백자 청화 매화 대나무 새 무늬 항아리

▲ 백자 달항아리

▲ 백자 철화 매화 대나무 무늬 항아리

 **1608년** 대동법 첫 시행.

 **1636년** 병자호란 발발.

 **1659년** 제1차 예송 논쟁.

 **1762년** 사도 세자 사망.

 **1742년** 탕평비 설치.

 **1796년** 화성 완공.

 **1862년** 진주 민란.

조선 시대 후기

1598년 ~ 1910년

1876년 강화도 조약을 맺음.

1910년 한일 병합 조약을 맺음.

1

광해군의 고군분투

　임진왜란이 일어나고 선조가 피난을 가기 전, 신하들은 선조에게 빨리 세자를 정해야 한다고 말했어. 혹시나 전쟁 중에 선조가 잘못될지도 모를 상황에 대비하기 위함이었지. 하지만 당시 선조에게는 정식 왕비와의 사이에서 낳은 아들이 없었어. 상황이 급했던 만큼 선조는 후궁에게서 태어난 아들 **광해군**을 급히 세자로 임명하고, 자신과는 다른 방향으로 피난을 보냈단다.

　하지만 광해군은 아버지 선조처럼 도망만 치지는 않았어. 그는 전쟁이 한창인 지역을 방문해서 병사들을 위로하고, 군대를 모으기도 했지. 선조의 피난에 실망이 컸던 백성들은 이런 광해군의 모습을 보면서 일본과 싸울 힘을 얻었어. 덕분에 광해군의 인기는 날로 높아졌단다. 하지만 그럴수록 선조의 마음속에는 광해군에 대한 미움이 쌓여 갔지.

　전쟁이 끝난 후 선조의 새 왕비가 아들 **영창 대군**을 낳자, 광해군의 고난이 시작되었어. 대놓고 세자를 바꿔야 한다는 신하들까지 있었으니,

가만히 있다가는 세자 자리를 빼앗길지도 모르는 일이었지. 그런데 선조가 갑자기 병에 걸려 죽으면서 광해군은 무사히 왕이 될 수 있었단다.

왕이 된 광해군은 많은 일을 해야 했어. 임진왜란으로 엉망이 된 조선의 이곳저곳을 돌봐야 했고, 자신을 내쫓고 영창 대군을 왕으로 삼으려는 움직임이 있는지도 살펴야 했지. 또 한편으로는 명나라와 새롭게 떠오르는 강국 청나라(여진족) 사이에서 균형을 잡으며 외교를 펼쳐야 했어. 당시 조정 대부분의 신하들은 청나라는 오랑캐의 나라일 뿐이므로, 임진왜란 때 우리를 도와준 고마운 나라인 명나라를 섬겨야 한다고 주장했어. 하지만 명나라를 넘어설 만큼 강해진 청나라는 조선에 자신들을 섬길 것을 요구하고 있었단다. 이렇게 코앞에 닥친 여러 문제를 해결해야 했던 광해군은 과연 이 위기를 잘 넘길 수 있었을까?

2

한의학의 결정체, 《동의보감》

허준은 선조 때 궁궐에서 임금과 왕족을 치료하는 어의였어. 그는 선조의 명령으로 1610년에 의학서를 완성했는데, 바로 《동의보감》이란다. 《동의보감》은 그때까지 나와 있던 중국과 조선의 의학 서적을 두루 참고해 각종 처방들을 모두 모아 놓은 책으로, 특히 허준이 당시 중국 의학보다 한참 부족하다고 인식되던 조선의 의학을 '동의'라고 표현했던 당당한 태도는 《동의보감》의 가치를 더욱 빛나게 하는 부분이란다.

허준은 1539년 무관 가문 출신 아버지와 양반 가문 출신 어머니 사이에서 태어났어. 하지만 어머니의 신분이 정실이 아니었기에 그는 사회적 차별을 받아야 했고, 이로 인해 문관이나 무관이 아닌 의관의 길을 택하게 되었지. 이후 그는 전라도에서 이름을 날릴 만큼 실력을 키웠고, 그 과정에서 조정의 관리인 유희춘을 알게 되었어. 그리고 1569년에 유희춘의 추천으로 궁궐 내 의료 기관인 내의원에 들어갔지. 그렇게 허준은 당시 조선 최고의 의관이었던 어의 양예수를 만날 수 있었고, 양예수가

지은 의학서 《의림촬요》가 훗날 《동의보감》의 기초가 된다는 점에서 허준이 양예수를 만난 것은 행운이었다고 할 수 있어. 이후 허준은 그 당시 왕자였던 광해군의 천연두 치료와 임진왜란 때 선조를 의주까지 모신 일 등으로 의관으로서의 지위를 다져 나갔고, 1600년 양예수의 뒤를 이어 내의원 내에서 최고의 의원으로 대접받게 된단다.

한편, 선조는 1596년에 허준을 중심으로 이명원, 양예수 등에게 백성들이 참고할 수 있는 의학서를 만들라는 명을 내렸어. 그런데 정유재란이 일어나면서 책의 집필이 중단되었고, 도중에 양예수가 죽으면서 의학서 집필은 오직 허준 한 사람의 책임으로 남게 되었지. 게다가 엎친 데 덮친 격으로 선조마저 죽고, 어의로서 귀양을 가야 하는 상황 속에서도 허준은 1610년 마침내 의학서 《동의보감》을 완성하고야 만단다.

▲ 《동의보감》

3 조선의 두 번째 반정, 인조반정

1623년 3월 13일 새벽, 창덕궁 후원에서 신하들과 잔치를 벌이고 있던 광해군은 깜짝 놀라고 말았어. 반란군이 궁궐로 쳐들어왔다는 소식을 들은 거야. 광해군은 너무나 다급한 나머지 담장을 넘어 궁궐 밖으로 나와 궁궐의 의료를 담당하던 내의원 의관인 안국신의 집에 숨었지만, 안국신이 반정 세력에게 이를 알리는 바람에 광해군은 붙잡히고 말았단다. 이후 인목 왕후는 광해군을 왕위에서 내쫓고 강화도로 귀양 보낸 뒤, 광해군의 조카인 능양군을 왕으로 삼았어. 그가 바로 **조선 제16대 왕 인조**로, 광해군을 왕위에서 내쫓은 이 사건을 '**인조반정**'이라고 해.

그렇다면 광해군은 왜 쫓겨나게 된 것일까? 반정을 일으킨 사람들이 내세운 세 가지 이유를 살펴보면서, 정말 광해군이 왕위에서 쫓겨날 만한 행동을 했는지 함께 생각해 보자.

반정 세력이 내세운 첫 번째 이유는 광해군이 그의 죄 없는 형과 동생, 조카 등을 죽이는 죄를 저질렀다는 거야. 실제로 광해군은 형인 임해군이 자신을 내쫓을 계획을 꾸몄다는 이유로 죽였고, 동생인 영창 대군도 같은 이유로 강화도에 귀양 보낸 후 죽였어. 또 영창 대군의 친어머니인 인목 왕후를 경운궁에 가두어 놓기도 했단다.

두 번째는 **지나치게 큰 토목 공사**를 벌여 백성들을 힘들게 했다는 이유 때문이었어. 광해군은 창덕궁, 창경궁, 종묘 외에도 인경궁과 경희궁을 연이어 건설했거든. 세 번째 이유는 임진왜란 때 우리를 도와준 명나라가 군대를 보내 달라고 요청했을 때 이를 종종 거절하여 **명을 배신**함으로써 조선을 오랑캐와 짐승과도 같은 나라로 만들었다는 점을 내세웠지.

과연 반정 세력이 광해군을 왕위에서 내쫓은 건 잘한 일이었을까, 아니면 너무 심한 결정이었을까? 광해군이 나라를 다스리던 시대의 조선과 그 주변 나라들의 상황을 살펴보며, 그가 한 선택과 행동들에 대해 한 번 고민해 보자.

4

정묘호란이 일어나다

광해군이 왕이었을 당시, 그는 명나라와 청나라 사이에서 **조선에 실제로 이익이 되는 쪽**으로 외교를 펼쳤어. 예를 들면 명나라가 청나라와의 전쟁을 위해 조선에 군대를 요청했을 때, 광해군은 군대를 보내기는 하되 청나라 군대와 직접 부딪히게 되면 싸우지 않거나 바로 항복해 버리는 방법을 썼지. 즉, 조선으로서는 명나라와 청나라 모두에게 최선을 다했다는 핑계를 댈 수 있도록 행동한 거야. 광해군은 이렇게 하면 조선에 도움이 될 거라 생각했지만, 신하들은 완전히 명나라 편에 서지 않는 광해군이 마음에 들지 않았던 것 같아. 그리하여 1623년 3월 13일, 결국 신하들은 반정을 일으켜 광해군을 몰아냈어.

반정 이후 왕위에 오른 **인조**는 광해군과는 완전히 다른 외교를 펼칠 수밖에 없었어. 즉, **청나라를 멀리하고 명나라를 큰 나라로 섬기며 가까이 지낸 것**이지. 조선의 이런 태도는 청나라로 하여금 조선을 공격하고 싶은 마음이 들도록 만들었어. 왜냐하면 청나라가 명나라와 전쟁을 할

때, 명나라만을 섬기는 조선이 분명 청나라의 뒤통수를 칠 수도 있다고 생각했기 때문이야.

이런 이유로 청나라는 압록강이 꽁꽁 얼 정도로 추웠던 **1627년 겨울**, 3만 명의 병사를 이끌고 조선으로 쳐들어왔어. 이 전쟁을 '**정묘호란**'이라고 해. 정묘년에 오랑캐들이 일으킨 전쟁이란 뜻이지.

청나라 군대는 순식간에 조선의 북쪽 지역에 있는 여러 개의 성을 빼앗은 다음 곧바로 남쪽으로 내려왔어. 겁을 먹은 조선 조정은 서둘러 **강화도**로 피난을 갔지. 임진왜란 이후 또다시 임금이 백성을 버리고 피난을 가 버린 거야. 결국 백성들은 여기저기서 의병을 일으켜 청나라 군대에 맞서 싸웠어. 조선이 자신들을 공격하지 못하도록 만드는 게 목적이었던 청나라는 전쟁이 생각보다 길어질 듯하자, 재빨리 조선에 전쟁을

멈추자는 의견을 내놓았어. 이때 조선과 청나라는 **형제의 약속**을 맺었고, 청나라가 군대를 물림으로써 정묘호란은 마무리되었단다.

똑똑한 팁 광해군은 이후 어떻게 되었을까?

중종반정으로 왕위에서 쫓겨난 연산군은 그 후 몇 달밖에 살지 못했어. 반면에 광해군은 반정이 일어난 후에도 19년이나 더 살았지. 즉, 청나라가 또다시 조선을 공격한 병자호란 때 조선이 쑥대밭이 되고 인조가 청나라에게 굴욕을 당하며 항복했을 때도 광해군은 제주도에서 귀양살이를 하고 있었던 거야. 자신을 몰아내고 왕이 된 인조가 청나라에 무릎을 꿇었다는 소식을 듣고, 과연 광해군은 무슨 생각을 했을까?

청나라, 조선을 또다시 침략하다

정묘호란 이후 청나라는 명나라와의 전쟁에서도 계속 승리를 이어 가며 힘을 더욱 키웠어. 정묘호란이 일어나고 10년쯤 후 청나라는 스스로 황제 국가임을 알리고, 조선과 맺은 형제의 약속을 임금과 신하의 관계로 바꿀 것을 요구해 왔지. 하지만 조선은 이미 명나라와 임금과 신하의 관계를 맺고 있었어. 유교에서는 두 명의 임금을 섬기는 것을 금하고 있었기에, 조선은 청나라의 요구를 받아들일 수 없었지.

조선이 자신들의 요구를 들어주지 않자, 청나라는 병자년인 **1636년** 겨울에 또다시 조선을 침략했어. 이 전쟁이 **'병자호란'**이야. 그런데 병자호란은 정묘호란과 한 가지 다른 점이 있었어. 바로 **청나라의 황제 홍타이지**가 직접 군사를 이끌고 왔다는 거야. 이 말은 곧 정묘호란 때처럼 쉽게 물러나지 않을 거라는 의미였지. 따라서 조선은 각오를 단단히 할 필요가 있었어.

물론 조선도 정묘호란 이후 아무런 대비를 하지 않았던 건 아니야. 국

경 지역의 산성에 식량을
저장하고 무기를 갖추어 놓는 등
전쟁이 일어날 것에 대비하여 여
러 준비를 해 두었거든. 하지만 정묘호란을 통해서 더 많이 배운 쪽은 청
나라였던 것 같아. 청나라는 정묘호란 때처럼 조선의 왕이 강화도로 들
어가 버리면 전쟁을 계속하기 어렵다는 걸 알고 있었어. 그래서 조선의
북쪽 지역에 있던 성들은 공격하지 않고 곧바로 한양으로 내달렸지.

　청나라의 급작스러운 공격에 조선의 조정에서는 서둘러 강화도로 피
난 갈 것을 결정하고, **소현 세자**와 그 가족을 포함하여 **봉림 대군**과 인평
대군 등을 먼저 강화도로 피난시켰어. 그리고 뒤이어 인조도 강화도로
피하려고 했지만, 인조가 궁궐을 나섰을 때는 이미 청나라 병사들에 의
해 강화도로 가는 길이 막혀 버린 후였지. 그리하여 인조는 **남한산성**으

로 몸을 피했단다.

 당시 남한산성 안에는 군사 1만 3,000명과 약 50일 정도 버틸 수 있는 식량이 있었어. 조선 조정은 즉시 각 지역에 남한산성으로 군사를 보내 줄 것을 명령했지만, 이 군사들은 남한산성에 도착하기도 전에 청나라 군대에 패해 뿔뿔이 흩어지고 말았지. 다음 해 1월 말이 되자 남한산성에 있던 식량은 거의 떨어져 갔고, 청나라의 항복 요구도 거세지고 있었어.

▲ 청 황제를 칭송하고 청나라의 승리를 기리는 내용이 적힌 삼전도비

 그러던 중 강화도가 청나라의 손에 넘어갔다는 소식이 들려왔어. 강화도에 있던 왕자들은 인질로 붙잡히고 말았지. 남한산성으로 붙잡혀 온 왕자들을 본 인조는 마침내 항복을 결심하고, 세자와 함께 남한산성을 나와 청의 황제가 있는 삼전도 나루터로 향했어. 이때 인조는 청나라 황제에게 항복의 뜻을 전하며, 그를 향해 세 번 절하고 아홉 번 머리를 조아리는 굴욕적인 의식을 해야만 했지.

 이로써 청나라는 임금의 나라 그리고 조선은 신하의 나라가 되었고, 소현 세자와 봉림 대군은 인질이 되어 청나라로 끌려갔단다.

효종의 북벌 정책

1637년, 조선이 청나라에 항복하면서 인질로 잡혀갔던 소현 세자와 그의 동생 봉림 대군은 8년 후인 1645년이 되어서야 조선으로 돌아올 수 있었어. 이때 소현 세자는 청나라에 머무는 동안 경험했던 서양의 발전된 과학 기술에 관한 책과 물건들을 잔뜩 챙기고는, 그것들을 조선에서도 사용해 볼 마음을 품고 돌아왔다고 해. 하지만 8년간의 기나긴 인질 생활을 마치고 돌아온 세자는 조선에 돌아온 지 3개월여 만에 의문스러운 죽음을 맞게 된단다.

그 후 인조는 소현 세자의 아들이 아닌 자신의 둘째 아들 봉림 대군을 새로운 세자로 삼고 왕위까지 물려주었어. 그가 바로 조선 **제17대 왕 효종**이야. 왕이 된 효종은 가장 먼저 청나라에 복수하기로 마음먹었어. 효종의 이런 정책을 북쪽에 있는 청나라를 정벌한다고 해서 **'북벌 정책'**이라고 한단다.

효종은 북벌을 위해 가장 먼저 군사력을 키웠어. 국경 부근의 성들을

고치고 무기도 새로 만들거나 수리했지. 그중 가장 눈에 띄는 것은 **'조총'**이라는 총을 사용하는 부대를 새로 만든 것으로, 이 조총 부대는 러시아 군사들과의 싸움에서도 큰 역할을 한단다.

  효종은 이렇게 북벌에 큰 노력을 기울였지만, 신하들 중에는 북벌에 찬성하지 않는 사람들도 많았어. 당시 큰 전쟁을 두 번이나 겪은 조선의 사정이 말이 아니었기 때문이야. 그러던 1659년, 효종은 왕이 된 지 10년 만에 41세라는 젊은 나이로 갑작스럽게 세상을 떠나고 말아. 이로써 효종이 바라던 북벌은 실행되지 못했지. 그런데 사실 북벌은 당시 조선이 처한 상황에서는 **실현 가능성이 없는 정책**이었단다.

또다시 불붙은 붕당 정치

조정에서 뜻이 통하는 신하들끼리 모여 당을 이루고 서로 경쟁하는 붕당 정치에 대해서는 앞에서 설명해서 알고 있겠지? 선조 때 이조 전랑을 누구로 정할지를 두고 처음으로 붕당이 만들어졌는데, 이때 동인과 서인이 등장하고 여기서 다시 서인의 우두머리인 정철을 벌하는 문제를 놓고 동인이 북인과 남인으로 갈라졌지. 그러다 광해군이 왕이 되는 데 도움을 준 북인들이 권력을 잡았으나, 남인과 서인이 힘을 합쳐 인조반정을 성공시키면서 북인은 몰락하였고 이들이 새롭게 권력을 잡았어. 이후 인조 때 정묘호란과 병자호란을 겪으면서 붕당 정치는 잠시 잦아드는가 싶더니, 효종 때 사회가 안정된 덕분인지 효종이 죽은 후 붕당 정치는 '**예송 논쟁**'이라는 모습으로 다시 나타난단다.

예송 논쟁이란, 1659년과 1674년에 각각 효종과 효종의 비가 죽고 나서 효종의 새어머니인 조대비가 상복(가족이 죽었을 때 의례를 치르는 동안 입는 옷)을 몇 년 동안 입어야 하는지에 대해 서인과 남인 간에 벌어진 논쟁이야. 예송 논쟁은 총 **두 차례**에 걸쳐 벌어지는데, **1차**에서는 **서인**들이, **2차**에서는 **남인**들이 승리함으로써 결국 남인들이 서인들을 누르고 권력을 잡았단다.

그렇다면 단순히 상복을 몇 년 입느냐 하는 문제가 예송 논쟁으로 번진 이유는 무엇일까? 그것은 왜란과 호란 등의 전쟁으로 사회가 크게 어지러워진 상태에서, 앞으로 조선이라는 나라를 이끌어 나갈 방향과 관계가 있었기 때문이야. 서인들은 성리학을 좀 더 잘 따르는 사회를, 남인들은 성리학에 너무 집중하기보다는 다른 것들도 생각할 수 있는 사회를 원했거든. 이는 남인의 후손 중에서 실학자들이 나왔다는 것을 보아도 알 수 있지. 그렇다면 그 후 남인과 서인의 싸움은 어떻게 끝날까? 다음 이야기를 통해 계속 살펴보자.

숙종의 환국 정치

1674년 8월에 2차 예송 논쟁이 마무리될 때쯤, 현종이 갑자기 세상을 떴어. 그 바람에 14세였던 그의 아들이 왕위에 오르는데, 그가 **조선 제19대 왕 숙종**이야. 처음에 숙종은 아버지의 뜻을 이어받아 2차 예송 논쟁에서 승리한 **남인**들에게 권력을 맡겼지.

그러던 **1680년**, 숙종이 20세가 되던 해의 일이었어. 남인인 허적의 집에서 그의 할아버지 허잠에게 시호(벼슬을 지낸 사람이 죽은 뒤에 그의 공을 기리기 위해 붙이는 이름)가 내려진 것을 축하하는 잔치가 벌어졌는데, 마침 비가 오자 숙종은 신하들에게 왕실 전용 천막을 허적의 집으로 갖다주라고 말했지. 그런데 알고 보니 허적이 허락도 받지 않고 이미 천막을 가지고 갔던 거야. 이에 크게 화가 난 숙종은 권력을 쥐고 있던 남인들을 내쫓고 **서인**들을 불러들이는데, 이 사건을 '**경신환국**'이라고 해. 환국이란, **권력을 잡은 사람들이 갑자기 바뀐다는 뜻**이야. 물론 경신환국의 원인은 천막 사건 때문만이 아니었어. 숙종은 평소 남인들이 권력을 독차지하고

있는 것을 못마땅하게 여겼다고 해. 그리고 경신환국이 일어나고 1년쯤 후, 숙종은 서인의 집안에서 **인현 왕후**를 맞아들인단다.

두 번째 환국 사건은 경신환국으로부터 9년 후인 **1689년**에 일어났어. 환국이 일어나기 약 두 달 전, 숙종이 후궁인 **희빈 장씨**가 낳은 아들을 자신의 정식 후계자로 삼은 일이 문제가 된 것이었지. 당시 인현 왕후는 아들을 낳지 못했던 상황이었기에, 권력을 잡고 있던 서인들은 숙종의 결정에 강력히 반대하고 나섰어. 그러자 숙종은 이번에는 서인들을 내치고 다시 **남인**들에게 권력을 주었어. 이를 '**기사환국**'이라고 해. 이 사건은 당시 서인들의 우두머리였던 **송시열**의 죽음, 그리고 인현 왕후가 쫓겨나고 희빈 장씨가 왕비가 되는 사건으로 연결된단다.

하지만 남인들의 세상도 그리 오래가지는 못했어. 5년 후인 **1694년**, 왕을 내쫓기 위해 반역을 계획했다며 남인은 서인을, 서인은 남인을 각각 고발하는 일이 일어났거든. 그런데 이 일을 조사하던 도중, 숙종은 갑자기 남인들이 일을 크게 만들어 자신을 속였다며 남인들을 내쫓고 **서인들**을 다시 조정으로 불러들였지. 이 과정에서 인현 왕후는 다시 왕비가 되었고, 왕비였던 장씨는 희빈이 되었단다. 이 사건을 '**갑술환국**'이라고 해.

갑술환국으로 조정에 있던 남인 대부분이 죽임을 당하거나 귀양을 가면서, 이후 남인들은 두 번 다시 권력을 잡지 못했어. 남인들이 성리학에서 벗어나 세상을 좀 더 다양하게 보려고 했던 사람들임을 생각하면, 이는 참 안타까운 일이었지. 이렇게 남인이 쫓겨나고 서인이 권력을 쥐면서, 그 후 조선은 성리학이 지배하는 더욱 엄격한 사회가 된단다.

숙종은 어떤 일을 했을까?

앞에서 이야기한 내용만으로 판단한다면, 숙종은 나라를 다스리는 동안 붕당 정치에 휘둘린 별 볼 일 없는 왕처럼 보일 수도 있어. 하지만 숙종이 일으킨 여러 번의 환국은, 왕권 강화를 위해 아주 자세하고 꼼꼼하게 계획된 행동이었다는 것을 알 필요가 있단다. 즉, 숙종은 환국 정치를 통해 한 붕당이 권력을 오랫동안 차지하지 못하게 함으로써 자신의 **왕권을 강화**하는 꽤 성공적인 정치를 하고 있었던 셈이지. 그럼 지금부터 숙종이 어떤 일들을 했는지 한번 살펴볼까?

우선 가장 두드러지는 분야는 **경제**로, 특히 대동법의 전국 시행과 양전 사업, 상평통보 발행 등은 그가 한 일 중 가장 훌륭한 것이었어. **대동법**은 조선 시대의 3대 세금 가운데 하나인 공납을 쌀로 내게 하는 제도야. 공납은 원래 국가에서 필요로 하는 물품을 직접 바치게 하는 제도였는데, 여러 가지 좋지 않은 점이 나타나면서 대동법을 시행한 것이었지. 이로써 국가는 공납을 쌀로 받아 이것으로 필요한 물건을 샀고, 그 과정

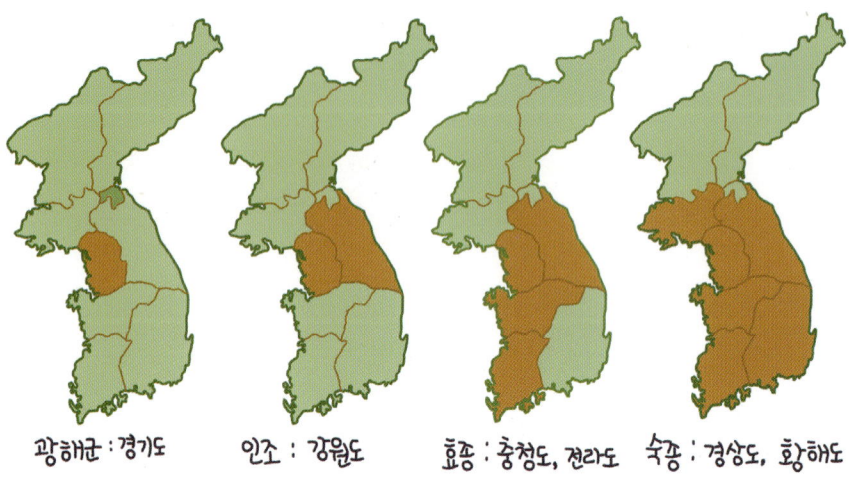

〈 100여 년 만에 전국적으로 확대 시행된 대동법 〉

광해군 : 경기도 　 인조 : 강원도 　 효종 : 충청도, 전라도 　 숙종 : 경상도, 황해도

에서 손으로 물건을 만드는 공업인 수공업과 물건을 사고파는 상업이 발전했으며, 화폐도 활발하게 사용되었지. 원래 대동법은 광해군 때부터 시행되던 것인데, 100여 년 후인 숙종 때 비로소 평안도와 함경도를 제외한 **전국에서 시행**되었단다.

양전 사업은 한마디로 '토지 조사 사업'이라 할 수 있어. 땅의 주인이 누구이며 그 땅이 얼마나 기름졌는지 등을 조사한 다음, 이를 세금을 매기는 데 사용했지. 이것 역시 광해군 때 시작되었으나 숙종 때에 이르러 강원도와 전라도, 경상도, 충청도를 포함하여 전국적으로 실시했어.

상평통보는 우리가 흔히 '엽전'이라고 하는 돈이야. 숙종 때부터 조선 말에 이르기까지 단 하나뿐인 돈이었을 뿐 아니라, 널리 사용되기도 했지.

한편, 왜란과 호란을 겪은 조선에 가장 필요했던 정책 가운데 하나는 **국방력 강화**였을 거야. 이에 숙종은 국경 지역에 성을 쌓고 한양도성을

▲ 상평통보

크게 수리하는 등 국방력 강화를 위해 노력했단다. 그리고 청나라와 크고 작은 충돌이 있었던 지역에 국경을 확정 짓고, 이를 표시하기 위해 백두산에 **정계비**를 세우기도 했어. 또 지리에 관한《신증동국여지승람》이나 법률을 수정하고 부족한 점을 더한《대전속록》같은 책들도 숙종 때에 나왔단다.

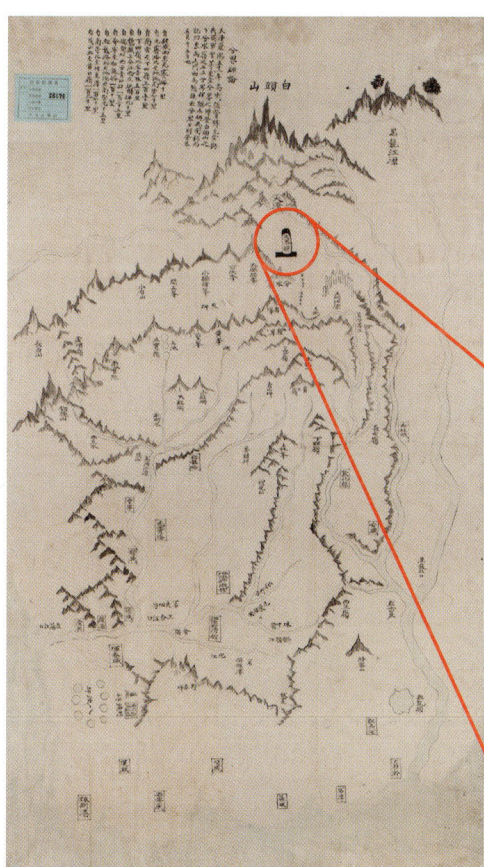

▲〈백두산 정계비도〉

10

울릉도와 독도를 지킨 안용복

　숙종 때인 1693년, **울릉도**에서 조선 사람들이 일본인들에게 납치되는 사건이 벌어졌어. 나중에 이 사건은 조선과 일본 간의 외교 문제로 번지는데, 과연 어떻게 된 일일까?

　1693년 4월, 동해안에 살던 어부들은 무리를 지어 울릉도로 고기잡이를 나갔어. 당시 울릉도와 독도에는 사람이 살지 않았는데, 조선의 어부들이 울릉도에 도착해 보니 일본 어부들이 이미 그곳에서 고기잡이를 하고 있었던 거야. 조선 어부들과 일본 어부들 사이에서는 울릉도가 어느 나라의 땅이냐를 두고 말다툼이 벌어졌고, 이는 결국 큰 싸움이 되어 급기야 조선의 어부 **안용복**과 **박어둔**이 일본으로 납치되고 말았단다.

　이 사건은 같은 해 11월에 쓰시마번의 무사들이 안용복과 박어둔을 데리고 동래 왜관(조선과 일본 간의 공식적인 무역항)으로 들어와 조선 조정에 일본의 요구 사항을 전달하면서 알려지기 시작했어. 처음에 조선은 일본의 이 같은 요구에도 별다른 반응을 보이지 않았어. 그런데 이듬해

인 1694년 4월에 새로 영의정이 된 **남구만**이 이 사건을 재조사하면서 울릉도는 분명한 조선의 영토이고, 따라서 일본인들은 조선의 영토를 침범한 것이라 말했지. 결국 일본은 1696년 1월이 되어서야 울릉도가 조선의 영토임을 인정했어.

그러나 일본에 끌려갔다 돌아온 안용복은 여기서 멈추지 않았어. 그는 10여 명의 사람들과 다시 일본으로 건너가, **울릉도뿐만 아니라 독도까지 조선의 영토임을 주장**하고 돌아왔지. 조선 조정은 미천한 신분의 안용복이 나라와 나라 간의 중요한 일에 관여했다며 그에게 벌을 내렸어. 하지만 이때 안용복이 일본 정부로부터 울릉도와 독도는 조선의 땅임이 분명하다고 인정하는 확인을 받아 둔 것은, 오늘날 울릉도와 독도가 우리나라의 땅이라는 주장의 핵심 근거가 되고 있단다.

11

영조는 어떤 일을 했을까?

1720년 6월 8일, 숙종이 죽고 제20대 왕인 **경종**이 왕위에 올랐어. 하지만 몸이 좋지 않던 경종이 왕위에 오른 지 4년 만에 세상을 뜨자, 그의 동생 연잉군이 왕이 되었지. 그가 조선의 **제21대 왕**인 **영조**야. 영조는 서인 가운데에서도 **노론**의 지지를 받았는데, 이들이 아들이 없던 경종에게 연잉군을 세제로 삼을 것을 적극 주장해 왕이 될 수 있었지. 그런데 **소론**이 이와 같은 노론의 행동은 반역이라고 주장하면서 노론과 소론 간의 다툼은 아주 심해졌단다.

이런 상황에서 왕이 된 영조는 노론과 소론이 싸움을 멈추어야 나라를 잘 다스릴 수 있다고 생각했어. 그래서 당을 따지지 않고 훌륭한 인재를 고르게 뽑아 쓰는 **탕평책**을 시행했지. 영조는 우선 노론과 소론의 우두머리를 불러 화해를 시켰고, 탕평책에 대한 자신의 뜻을 밝히고자 성균관 앞에 **탕평비**를 세우기도 했어. 실제로 영조는 관리를 뽑을 때도 영의정을 노론에서 뽑으면 좌의정은 꼭 소론에서 뽑는 식으로 최대한 골고루

인재를 뽑았단다.

　영조가 백성들을 위해 실행한 정책 중에는 '균역법'이라는 것도 있어. 조선에서는 16세 이상 60세 이하의 남자들은 모두 군대를 가야 했는데, 이를 '군역'이라고 해. 그런데 군역에 여러 문제가 따르자, 임진왜란 이후 군역 대신 '군포'라고 불리는 베 두 필을 내는 것으로 바뀌었지. 하지만 가난한 사람들에게는 한 사람당 1년에 두 필 내는 군포도 아주 부담스러운 수준이었어. 그래서 영조는 군포를 1년에 한 필로 줄여 주었는데, 이것이 바로 균역법이란다.

　이렇게 나라와 백성을 위해서 좋은 일을 많이 한 영조였지만, 가정에서는 아주 불행한 일을 저질렀어. 그는 35세에 아들을 잃고 7년 후인

42세에 다시 아들을 얻었는데, 그가 바로 **사도 세자**야. 사도 세자가 태어났을 때 영조는 대단히 기뻐했어. 그는 아들이 조용히 글공부나 하면서 자라기를 바랐지만, 사도 세자는 글공부보다는 무예에 더 관심을 보였지.

영조는 공부를 멀리하고 무예 연습에만 열심인 사도 세자를 엄격하게 대하기 시작했어. 그러자 사도 세자는 아버지인 영조를 차츰 두려워했고, 이렇게 오랜 세월이 지나면서 정신 이상 증세를 보이고 말지. 증세가 심해진 사도 세자가 심지어 사람을 죽이기까지 하자, 영조는 결국 쌀을 담아 두는 뒤주 속에 그를 가둬서 죽음에 이르게 한단다.

정조는 무슨 일을 했을까?

영조는 비록 아들을 죽음으로 몰고 갔지만, 사도 세자의 아들인 그의 손자는 눈에 넣어도 아프지 않을 만큼 사랑했어. 이 손자는 영조가 죽은 뒤에 왕위를 이어받는데, 그가 바로 조선 후기에 나라를 새롭게 변화시킨 개혁 군주로 이름이 높은 조선 **제22대 왕 정조**야.

사도 세자의 죽음에 어느 정도 책임이 있던 신하들은 사도 세자의 아들인 정조가 왕이 되는 것을 꺼렸어. 하지만 영조는 손자를 보호하여 무사히 자신의 뒤를 이어 왕이 될 수 있도록 했지. 그렇다면 정조는 무슨 일을 했기에 '개혁 군주'라 불리는 것일까?

우선 정조는 나라가 발전하려면 훌륭한 인재들이 많아야 한다고 생각했어. 그래서 세종이 집현전을 만들어 인재를 길러 냈듯, 자신도 그런 곳을 만들기로 마음먹고 창덕궁 후원에 건물을 지었지. 그 건물의 1층은 **'규장각'**이라고 하는 도서관이었고, 2층은 학자들이 책을 읽는 **'주합루'**라는 곳이었어. 정조는 이곳으로 뛰어난 인재들을 불러 모아 자유롭게 공

▲ 규장각 전경

부하면서 나랏일을 의논하도록 했어. 정조 자신이 매우 뛰어난 학자이기도 했기에, 정조는 가끔씩 규장각에서 재능 있는 학자들을 가르치며 나라를 위한 인재를 기르는 데 큰 노력을 기울였지. 그 결과 규장각에서 많은 인재가 나왔고, 이들이 정조의 정치를 도왔단다.

한편, 정조는 인재를 뽑을 때 신분이나 당파를 구분하지 않았어. 조선 시대에는 일부일처(한 남편이 한 아내를 얻는 것)가 원칙이었지만, 실제로는 한 남편이 여러 명의 아내를 두는 경우가 많았지. 그래서 본처가 아닌 다른 아내들에게서 낳은 자식을 '서얼'이라 부르며 과거 시험도 못 보게 하는 등 이들을 차별했는데, 정조는 이런 차별을 없애 버렸던 거야. 그 결과, 정조가 뽑은 인재들 중에는 서얼 출신들도 많았단다.

또한 정조는 백성들을 위해 원래 있었던 낡은 제도들을 새롭게 뜯어고

쳤어. 그중 가장 유명한 것은 **금난전권을 없앤 것**이었지. 조선 사회는 백성들이 장사하는 것을 그다지 권하지 않았어. 하지만 장사를 하는 상인은 꼭 필요한 직업이었으므로, 한양에서 장사를 하려면 특별히 나라의 허락을 받아야만 했지. 이렇게 나라의 허락을 받은 상인들을 **'시전 상인'**이라고 했는데, 한양에서는 오로지 이들만 장사할 수 있었단다. 따라서 시전 상인은 자신들 외에 다른 사람이 장사하는 것을 막을 수 있었어. 이를 **'금난전권'**이라고 해. 그런데 정조는 가난한 사람들도 먹고살 수 있게 해 줘야 한다며 금난전권을 없앴고, 이후 한양에서는 누구나 자유롭게 장사할 수 있게 되었단다.

13

정조의 꿈, 수원 화성

정조는 왕이 되고 난 후 아버지 사도 세자의 명예를 되찾기 위해 노력했어. 할아버지인 영조가 내린 '사도'라는 시호를 '장헌'으로 바꾸는가 하면, 본래 양주의 배봉산에 있었던 사도 세자의 작고 초라한 무덤을 수원의 화산으로 옮기고 그곳에 '**현륭원**'이라는 이름을 붙였지. 그런데 현륭원이 만들어지기 전 그곳에는 백성들이 살고 있었으므로, 정조는 백성들을 옮겨 살게 할 새로운 고을을 만들었단다. 그것이 바로 지금의 **수원 화성**이야.

처음에 수원 화성에는 성이 없었어. 그런데 새로 고을을 만들고 1년쯤 지난 후, 무관인 강유가 새 수원에 방어용 성을 쌓는 게 어떻겠냐는 의견을 내면서 화성 건축이 시작되었지. 정조의 명령으로 화성의 설계를 맡은 **정약용**은 조선과 중국의 성 건축 기술을 두루 살핌으로써 성의 크기와 형태, 공사 방법을 연구했어. 특히 그는 성을 쌓을 때 사용할 **거중기**와 같은 각종 기구를 발명하는 등 실학자로서 큰 역할을 한단다. 그렇게 수

▲ 수원 화성의 동북 포루

원 화성은 1794년 1월 문신 **채제공**의 감독 아래 공사가 시작되어, 1796년 9월 10일에 공사를 마쳤어. 처음에 10년쯤 걸릴 것으로 예상되었던 화성 건축을 2년 9개월여 만에 끝낼 수 있었던 건 정약용이 편리한 기구를 만든 데다 당시 조선 건축술이 발달한 이유도 있었지만, 성을 쌓는 장인들과 일꾼들에게 정당한 임금을 주고 일을 시킨 덕분이기도 했지.

총길이 5.5킬로미터에 달하는 화성은 당시 성곽 건축 기술을 총동원하여 지었지만, 안타깝게도 한국 전쟁 당시 대부분이 파괴되었어. 그러나 화성의 전체 건축 과정을 꼼꼼하게 기록한 《화성성역의궤》 덕분에 원래대로 완벽하게 다시 지음으로써 1997년 **유네스코 세계 문화유산**으로 선정되었지.

정조는 화성 건축을 통해 안타까운 죽음을 맞은 아버지의 영혼을 위로하는 동시에, 왕으로서 자신의 권위를 드러낼 수 있었단다.

조선의 새로운 가능성, 실학

세월이 흐르면서 조선에는 성리학을 더욱 강조하는 사회적 분위기가 자리 잡지만, 한편으로는 성리학 이외의 것에도 관심을 가져 보려는 움직임 또한 나타나기 시작했어. 그런 움직임 가운데 하나가 바로 **실학**이야. 실학자들은 성리학이 실제 백성들의 삶과 동떨어져 있는 점을 꼬집으면서, 백성들의 삶과 좀 더 가까운 학문을 연구함으로써 보다 나은 조선 사회를 만들고자 했단다.

실학자들은 크게 **중농학파**와 **중상학파**로 나뉘는데, 중농학파를 대표하는 인물에는 **유형원**, **이익**, **정약용**이 있어. 이들은 당시에 몇몇 부자들이 대부분의 땅을 차지하고 있는 상황이 잘못되었다고 말하며, 토지 제도를 더 좋게 바꾸어야 한다고 했어. 즉, 실제로 농사를 짓는 농민들에게 땅을 골고루 나누어 주어야 한다고 주장한 거야. 토지 제도에 대한 이들의 생각을 기록한 책으로는 유형원의 《반계수록》, 이익의 《성호사설》, 정약용의 《목민심서》, 《흠흠신서》, 《경세유표》 등이 있단다.

한편 중상학파의 중심인물로는 **박지원**, **박제가**를 들 수 있는데, '**북학파**'라고도 불리는 이들은 청나라에 사신으로 갔다가 그 나라의 발전된 모습을 보고 이를 배워야 한다는 북학을 주장했어. 특히 이들은 조선을 변화시키기 위해서는 **상공업**을 키워야 한다고 강력하게 주장했단다.

이처럼 각자 조금씩 생각의 차이가 있긴 했지만, 실학자들은 단 하나의 뚜렷한 목표가 있었어. 바로 더 나은 조선을 만드는 것이었지. 하지만 이들은 대체로 권력과는 거리가 먼 삶을 살았기 때문에, 이들의 생각이 실제로 정책이 되기는 어려웠단다.

나라와 백성을 생각한 실학자, 정약용

　조선 후기의 실학자 가운데 가장 대표적인 인물로는 정약용을 꼽을 수 있어. 그는 과연 어떤 인물이었을까?

　정약용은 1762년 경기도 광주부(오늘날 경기도 남양주시)에서 4남 1녀 중 막내로 태어났어. 22세 때 소과에 합격해 성균관에 입학한 그는, 28세에 과거에 합격한 뒤 39세 때까지 약 12년 동안 관직 생활을 한단다. 정약용은 관직 생활을 하는 동안 정조의 화성 행차 때 사용할 **배다리(강 위에 여러 척의 작은 배를 한 줄로 띄운 뒤 그 위에 널빤지를 깐 다리)**와 **화성의 설계**를 맡았고, 그 뒤에는 경기도 암행어사와 왕의 명령을 전달하는 동부승지 및 우부승지를 맡는 등 왕의 눈과 귀가 되어 활약했어.

　이렇게 정약용이 한창 잘나가고 있을 무렵, 천주교 신부가 처음 조선에 들어온 사건이 그와 연관이 있다는 의심을 받으면서 그는 벌을 받아야 했어. 그때부터 정약용의 관직 생활은 순탄하지 않았지. 그는 천주교도라는 이유로 주변의 공격을 받아 여러 번 지방으로 쫓겨나야만 했는데, 평소 그의 든든한 버팀목이 되어 주던 정조가 1800년에 세상을 뜨면서 그는 관직에서 물러날 수밖에 없었단다. 그 후 전남 강진에서 귀양살이를 하던 정약용은 그곳에서 18년이란 세월을 보내게 되는데, 그는 바로 이곳에서 오늘날 우리에게 알려진 거의 대다수의 책을 완성했지.

정약용의 삶을 돌아보면, 어떤 면에서는 불행한 삶을 살았다고 볼 수도 있어. 하지만 백성이 편안한 동시에 부유하고 강력한 나라를 만들기 위한 방법을 연구한 그는 《목민심서》,《흠흠신서》,《경세유표》와 같은 책들을 펴냄으로써 조선 후기를 대표하는 위대한 실학자로서 우뚝 설 수 있었단다.

▲ 정약용이 유배 중 책을 집필했던 곳(전남 강진 다산초당)

풍속화의 유행

조선 후기에는 실학 말고도 여러 분야에서 변화가 나타났어. 그중 가장 두드러지는 변화가 나타난 분야는 바로 **그림**이었지. 이전에는 성리학을 떠받드는 내용의 그림이 많이 그려졌는데, 심지어 자연의 모습을 그릴 때도 이를 직접 보고 그리는 것이 아니라 성리학의 가르침에 맞는 자연의 모습을 머릿속으로 상상해서 그렸단다.

그러다 조선 후기에 이르러 **정선**이라는 화가가 풍경을 직접 보고 그리는 **진경산수화**를 선보였고, 시간이 좀 더 지나면서 사람들의 실제 생활 속 모습을 그린 **풍속화**가 유행하기 시작했어. 풍속화로 유명한 사람은 **김홍도**와 **신윤복**으로, 이 두 사람은 궁궐에서 필요한 그림을 그리는 관청인 도화서에서 일하던 화가였지. 특히 김홍도는 영조와 정조의 초상화를 그릴 정도로 뛰어난 실력을 인정받은 화가였다고 해. 그런데 어찌 된 일인지 그는 도화서에서 그리는 그림과 분위기가 많이 다른 풍속화를 그리기 시작했단다.

김홍도와 신윤복은 같은 도화서 출신이지만, 이들이 그린 그림에는 분명한 차이가 있었어. 김홍도가 **일반 백성들의 삶의 모습**을 재미있는 표정이나 움직임으로 표현했다면, 신윤복은 당시 화가들이 잘 다루지 않던 **여성의 모습**을 섬세한 시선으로 관찰하여 표현해 냈지.

위의 그림은 이 두 사람의 작품을 따라 그린 것들이야. 즐겁게 감상하면서 그 시대 백성들의 삶을 한번 상상해 보는 건 어떨까?

17

경제생활이 바뀌다

조선 후기에 들어서면서 백성들이 실제로 쓰기에 알맞은 학문인 **실학**을 연구하는 사람들이 등장했어. 이러한 변화들은 사회의 다른 분야에서도 나타났는데, 이와 관련하여 조선 후기의 **농업과 상공업** 분야에서는 어떤 변화들이 생겼는지 살펴보자.

우선 농업 분야에서는 크게 두 가지의 변화가 있었어. 첫째는 **모내기법의 보급**이야. 모내기법은 어린 벼인 모를 어느 정도 자랄 때까지 따로 키운 후 논에 옮겨 심어서 키우는 방식으로, 다른 방법과 비교했을 때 일손을 최대 3분의 1 정도 줄여 주는 효과가 있어. 그래서 조선 후기에는 한 사람이 더 많은 작물을 기를 수 있어 거두어들이는 농작물의 양이 크게 늘어났단다. 둘째는 **상품 작물**의 재배가 늘어났다는 거야. 상품 작물이란 시장에 내다 팔기 위해 키우는 작물을 말하는데, 임진왜란 이후 외국에서 고추, 고구마, 감자, 담배 등을 들여오면서 상품 작물의 종류가 늘어났지. 농민들은 이렇게 효율적으로 벼농사를 짓거나 상품 작물을 키움

으로써 전보다 최소 두 배에서 최대 수십 배는 더 많은 돈을 벌 수 있었어. 이는 조선 후기에 부유한 농민들이 많이 나타나는 원인이 된단다.

조선 후기에는 대동법의 영향으로 **수공업** 또한 발전했어. 이때 나라에서 필요로 하는 물건은 직접 사서 썼으므로, 물건을 만드는 장인들을 더 이상 관청에 붙잡아 둘 필요가 없어졌지. 이후 관청에서 벗어난 장인들은 물건을 자유롭게 만들어 팔 수가 있었어. 또 부유한 상인들이 이들에게 돈을 주고 물건을 만들게 한 다음, 이를 내다 팔기도 했지.

이처럼 조선 후기에는 이전보다 팔 수 있는 물건의 종류와 양이 많아졌기 때문에 이 물건들을 사고파는 **상업**도 자연스럽게 발달했단다. 전국에 **오일장**(닷새에 한 번씩 서는 장)이 시작된 것도 이 무렵이었고, 매일 열리는 시장도 생겼지. 또 이렇게 시장이 발달하다 보니 시장과 시장을 돌아다니며 물건을 파는 **보부상**들도 나타났고, 물건을 사고파는 데 편리한 **금속 화폐**가 널리 쓰이기 시작했어. 숙종이 상평통보를 만든 것도 당시 이런 사회적 분위기에 따른 결과였단다.

그럼 이와 같은 상업의 발전이 다른 분야에 어떤 영향을 미쳤는지에 대해서도 한번 살펴볼까?

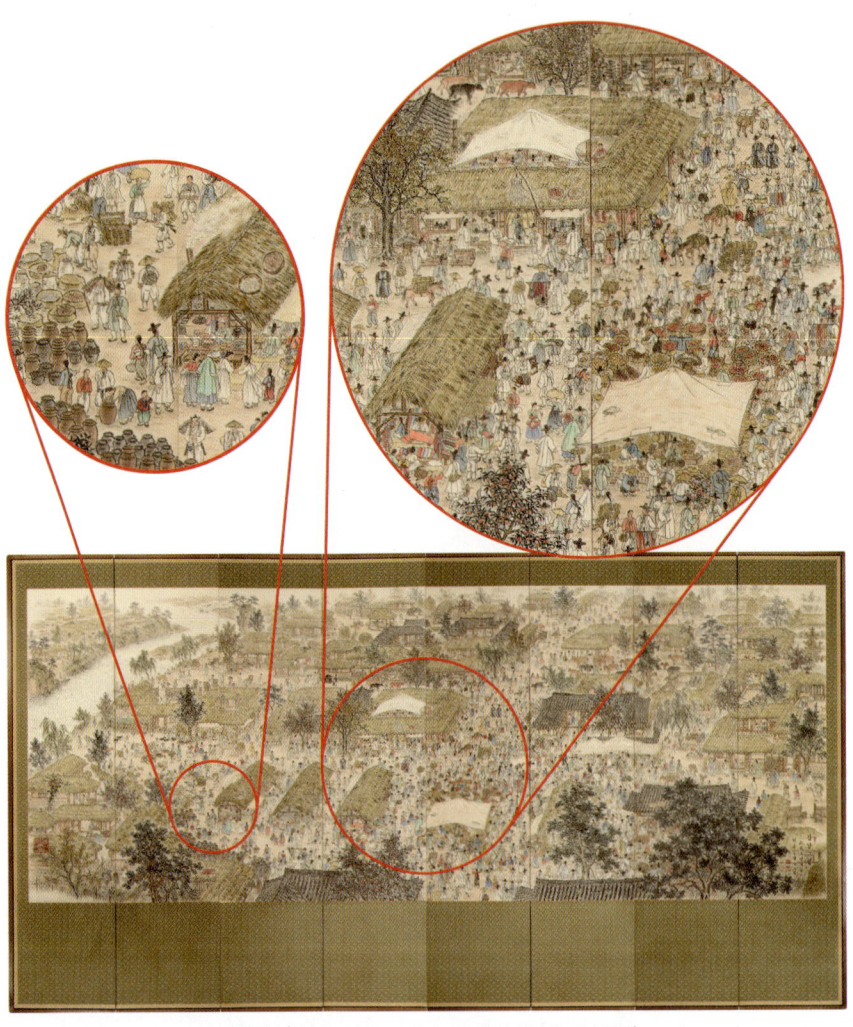

▲ 〈시장도〉(혜촌 김학수 선생이 그린 조선 시대의 장날 풍경)

서민 문화의 발달

조선 후기에 농업과 상업이 발달하면서 경제적으로 여유가 생긴 백성들이 차츰 늘어났어. 그런데 먹고사는 문제가 해결되면 사람들은 자연스럽게 문화와 예술에 관심을 갖곤 해. 실제로 이 시기에 **문학**, **공연**, **그림** 등 여러 분야에서 **서민 문화**가 꽃핀단다.

조선 후기의 서민 문화는 양반 문화와는 달리 체면, 즉 남의 눈에 어떻게 보이는가를 중시하지 않고 자신의 감정을 솔직히 표현했다는 특징이 있어. 또 겉모습만 중요하게 여기는 양반들을 비판하고, 사회의 옳지 못한 모습을 꼬집고 비웃는 내용이 중심을 이루었지.

먼저 문학에서는 **한글 소설**과 **사설시조**가 인기를 누렸어. 한글 소설의 주인공은 대부분 평범한 사람들이었는데, 이들은 사회의 잘못된 점을 비판하거나 백성들의 솔직한 감정을 표현했지. 당시의 인기 있었던 한글 소설에는 《 전》과 《심청전》 등이 있단다. 사설시조는 일반 백성들이 형식에 얽매이지 않고 자유롭게 쓴 시조로, 남녀 간의 사랑이나 양반을 비

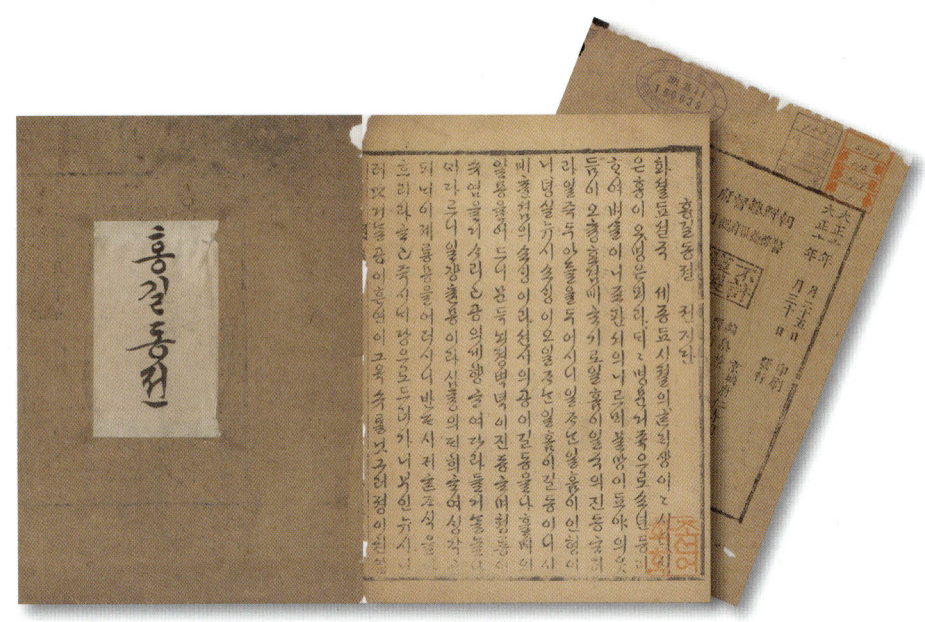

▲ 우리나라 최초의 한글 소설 《홍길동전》

웃는 내용 등이 솔직하게 표현되었지.

한편 공연에서는 **판소리**와 **탈춤**이 인기를 끌었는데, 둘 다 사람이 많이 모이는 시장 한복판에서 공연되었어. 판소리는 소리꾼 한 명이 북을 치는 고수의 북장단에 맞추어 창(노래)과 아니리(이야기)를 섞어 가며 하는 공연이야. 처음에는 일반 백성들이 주로 즐겼으나, 세월이 흐르고 차츰 양반들도 좋아하게 되면서 그 내용이 양반의 흥미에 맞게끔 조금 바뀌기도 한단다. 19세기 이전까지 판소리는 열두 마당이 있었는데, 19세기에 판소리 작가인 **신재효**가 이를 여섯 마당으로 정리하였고, 지금은 〈춘향가〉, 〈심청가〉, 〈흥보가〉, 〈수궁가〉, 〈적벽가〉 등의 다섯 마당만 전해지고 있지.

광대라고 불리는 놀이꾼들이 탈을 쓰고 춤추며 말과 노래로 연기하는 탈춤은 지금의 뮤지컬과 비슷하다고 보면 돼. 양반의 잘못을 꼬집고 비웃는 내용이 많아서 당시 양반들은 탈춤을 거의 보지 않았어. 안동의 하회 별신굿, 황해도의 봉산 탈춤, 북청의 사자놀이 등이 유명하단다.

그림에서는 **풍속화**와 **민화**가 인기였는데, 풍속화에 대해서는 앞에서 설명했으니 여기에서는 민화에 대해 알아보기로 해. 민화는 당시 사람들의 흥미에 맞게 그린 대중적인 그림으로, 조선 후기의 민화는 주로 복을 빌고 귀신을 몰아내기 위해 그려졌어. 하지만 그림은 우스꽝스럽게 표현하는 경우가 많았지. 예를 들면 집 안에 나쁜 기운이 들어오지 않길 바라는 마음으로 무서운 호랑이를 많이 그렸는데, 정작 민화 속에 등장하는 호랑이는 매우 익살스럽게 표현되어 있단다.

19

세도 정치의 시작

영조와 정조 시대에 황금기를 맞이한 조선은 정조의 아들 순조 때부터 다시 내리막길을 걷게 돼. 그 원인은 바로 이때부터 60년 동안 이어진 **세도 정치** 때문이었지. 세도 정치란, 몇몇 집단이나 특정한 가문이 정치권력을 차지하고 마음대로 휘두르는 걸 말해. 순조 때부터 60년 동안 조선의 왕은 거의 허수아비와 같은 존재가 되어 버리고, **안동 김씨**가 이 시기 동안 거의 내내 권력을 장악했어. 가끔은 풍양 조씨나 반남 박씨가 안동 김씨와 함께 권력을 나누기도 했지.

그렇다면 세도 정치는 어떻게 시작된 걸까? 이 물음에 대한 답은 **붕당 정치가 바뀌어 온 과정**을 쭉 살펴보는 것만으로도 알 수 있단다. 붕당 정치의 역사는 권력을 장악한 집단의 크기가 점점 줄어드는 역사라고도 할 수 있어. 처음에는 남인과 북인과 서인이 있었는데, 세월이 가면서 북인과 남인이 사라졌고, 마지막으로 남은 서인도 노론과 소론으로 나뉜 후에 결국 노론이 권력을 장악하지. 이렇게 계속 권력을 손에 쥔 집단의 크기가 작아지다가, 순조 때 이르러 안동 김씨라는 매우 작은 하나의 집단이 권력을 차지하게 된 현상이 바로 세도 정치란다.

그렇다면 세도 정치를 한 사람들은 백성을 위한 정치를 펼쳤을까? 당연히 그렇지 않았어. 그들의 관심은 오로지 자신의 권력을 이어 가는 것뿐이었기에, 당시 백성들의 형편에 대해서는 조금도 알려 하지 않았지.

이처럼 세도 정치로 자신의 강한 권력을 지키는 것에만 관심이 있던 사람들 때문에, 당장 사회에 피해를 주는 여러 문제들이 해결되지 못하면서 조선은 서서히 죽어 가고 있었어. 과연 세도 정치는 조선에 어떤 나쁜 영향을 끼친 걸까?

삼정의 문란

19세기 중반부터 조선에서는 백성들이 나라에 불만을 품고 집단행동을 하는 경우가 많아졌어. 이런 백성들의 집단행동을 '**민란**'이라고 해. 그렇다면 19세기 중반부터 민란이 자주 일어난 이유는 뭘까?

그것은 세도 정치가 계속되면서 **삼정**이 문란, 즉 어지러워졌기 때문이야. 삼정이란 **토지세**와 **군역**, **환곡**을 말하는데, 세도 정치가 오랫동안 계속되면서 관리들이 자기 욕심만 채우기 위해 지나치게 많은 세금을 거두었고, 이로 인해 백성들의 고통이 심해진 것이었지.

먼저 토지세는 토지, 즉 땅을 가진 사람들이 내는 세금을 말해. 토지세를 제대로 걷기 위해서는 땅의 주인을 정확히 조사해야 하지만, 그렇게 할 수 없었던 조정에서는 예전 기록을 바탕으로 각 지방마다 대충 세금을 매겼어. 그러면 지방관들도 각 고을마다 토지세를 매겼는데, 만약을 대비해 여유 있게 세금을 거뒀기 때문에 백성들의 부담은 더 커졌단다.

군역은 군대에 가는 대신 내는 군포를 말해. 영조에 대해 이야기할 때 함께 설명했던 것 기억하지? 그런데 세도 정치 시기에 군역을 지지 않으려는 사람이 많아지면서 필요한 만큼 군포를 거둘 수 없게 되자, 이미 죽은 사람이나 아직 태어나지도 않은 배 속의 아기 몫까지 군포를 거둬들이면서 백성들의 불만은 날로 심해졌단다.

한편, 환곡은 먹을 것이 부족한 봄에 나라에서 백성들에게 곡식을 나누어 주었다가 가을에 되돌려받는 제도였어. 그런데 곡식을 빌리고 갚지 못하는 사람도 있었기 때문에 이에 대비하여 10분의 1 정도의 곡식을 더 되돌려받았는데, 세월이 흐르면서 이보다 점점 더 많은 곡식을 거두어들이게 되었지.

이처럼 세도 정치 시기에 세금과 관련한 잘못된 제도들이 고쳐지지 않으면서 백성들은 점점 더 살기 힘들어졌어. 이 때문에 민란이 자주 일어났던 거란다.

민란의 시작, 홍경래의 난

세도 정치가 계속되면서 조선의 백성들은 점점 더 살기가 힘들어졌어. 전국의 모든 백성이 마찬가지였지만, 특히 **평안도** 사람들은 더 큰 고통을 받았지. 평안도는 조선의 국경과 가까운 지역이라 다른 나라와의 전쟁이 잦았고, 날씨가 추운 탓에 농사도 남쪽 지방보다 발달하지 못했어. 심지어 대부분의 양반들은 평안도를 죄인들이 귀양 가는 곳쯤으로 여겼다고 해. 그러다 보니 자연히 평안도 출신 사람들에 대한 차별이 심해졌고, 이 문제를 매우 심각하게 여긴 사람이 나타났어. 그가 바로 **홍경래**야.

평안도 출신인 홍경래는 본래 과거 시험을 준비하던 유생이었어. 하지만 시험을 치면서 평안도 사람에 대한 차별을 겪고는 과거 시험 치는 걸 포기했지. 그 후 10년 동안 전국을 떠돌며 세도 정치 때문에 망가져 가는 조선의 상황을 직접 눈으로 확인한 홍경래는 조선을 바꾸고자 하는 사람들과 힘을 모았어. 홍경래와 그의 무리는 평안도의 다복동이라는 곳을 본거지로 삼고, 10여 년 동안 반란을 일으킬 준비를 했단다.

그러던 **1811년**, 가뭄이 3년이나 계속되면서 조선에 큰 흉년이 들자 홍경래는 그해 12월에 무리와 함께 들고일어나 단 열흘 만에 **정주성** 등 일곱 개의 성을 차지하는 데 성공했어. 하지만 조선 조정에서 보낸 관군과의 전투에서 패배한 홍경래와 농민군은 정주성으로 들어갔고, 그곳에서도 온 힘을 다해 싸웠지. 그렇게 100일 넘게 정주성을 지키던 중 마지막 전투에서 결국 홍경래는 관군의 총에 맞아 목숨을 잃었고, 포로로 잡힌 3,000여 명의 농민군은 모두 처형되고 말았단다. 그렇게 홍경래와 평안도 농민들의 반란은 4개월 만에 끝이 났지.

　홍경래의 난은 이렇게 끝났지만, 세도 정치와 평안도라는 지역 차별에 맞서 조선을 바로잡고자 했던 홍경래의 정신은 얼마 지나지 않아 **전국적인 민란**으로 이어진단다.

22 진주 민란이 일어나다

삼정의 문란으로 벼랑 끝에 내몰린 백성들은 결국 여기저기서 민란을 일으켰는데, **철종**이 나라를 다스리던 **1862년 진주**에서도 백성들이 들고 일어나는 사건이 벌어졌지.

진주 민란은 1861년 겨울, 진주목사 홍병원이 주민 회의인 향회를 소집한 것이 그 발단이 되었어. 이 회의에서 홍병원은 자신이 나랏돈을 몰래 빼돌린 것을 진주 농민들로 하여금 대신 갚도록 했지. 이에 더 이상 참을 수 없었던 농민들은 1862년 2월 **유계춘**을 중심으로 민란을 일으켰는데, 민란의 불꽃은 삽시간에 진주 전 지역을 집어삼켰어. 농민군은 백낙신과 홍병원을 찾아가, 그들의 잘못으로 부족해진 나랏돈을 농민들에게 요구하지 않겠다는 약속을 받아 냈지. 또한 농민군은 나쁜 짓을 일삼던 지방 관리들을 죽이고, 평소 악독하기로 소문난 부자들의 집에 쳐들어가 재산을 빼앗기도 했단다.

민란이 걷잡을 수 없이 커지자, 조정에서는 이를 잠재우기 위해 **박규**

수를 보냈어. 그는 민란의 원인이 된 백낙신을 제주도로 귀양 보냈고, 유계춘을 비롯하여 민란을 이끈 농민 열 명의 목을 베면서 일을 마무리 지었어. 하지만 민란은 진주를 시작으로 전라도, 경상도, 충청도를 거쳐 전국으로 번져 나간단다.

그렇다면 이후 민란의 원인인 삼정의 문란은 해결되었을까? 안타깝게도 조선 조정은 삼정의 문란을 해결할 능력도, 의지도 없었어. 결국 이는 훗날 동학 농민 운동이 일어나는 계기가 되지.

〈대동여지도〉를 완성한 김정호

조선 시대 후기 이전까지 학자들의 관심은 온통 중국의 역사와 사상, 제도, 문화에 쏠려 있었어. 그런데 실학자들이 활동하던 조선 후기에는 우리의 역사, 말, 사상, 지리 등을 연구하는 학자들이 늘어나기 시작하지. 이번에 소개할 **김정호**도 조선의 지도 제작에 크게 이바지한 사람이지만, 타고난 신분이 낮았던 탓에 그의 생애에 대해서는 알려진 바가 많지 않단다. 어쨌든 지도에 대한 그의 열정은 결국 〈대동여지도〉를 만드는 바탕이 되었고, 이 지도는 한반도 지형을 오늘날의 지도 기술 못지않게 정확히 담아 냄으로써 그 가치를 인정받고 있지.

김정호는 어릴 때부터 지도에 관심이 많았지만, 당시에 지도는 아주 귀한 물건이었기 때문에 쉽게 볼 수 없었어. 그러나 부유한 집안의 아들이었던 **최한기**라는 친구의 도움으로, 그는 1834년 〈청구도〉라는 지도를 완성할 수 있었지. 하지만 김정호는 이에 만족하지 않았어. 〈청구도〉에 미처 넣지 못한 정보가 많았기 때문이야. 게다가 그 부족한 정보를 김정호 혼자서 모으는 것은 거의 불가능에 가까웠지.

때마침 궁궐에서 훈련대장을 맡고 있던 신헌이라는 사람이 김정호에게 필요한 것은 무엇이든 도울 테니 새로운 지도를 만들어 보라고 권했어. 이에 김정호는 천군만마를 얻은 듯 기뻐했지. 김정호는 그때부터 20여 년간 신헌의 도움을 받아 가며 노력한 끝에 지리지인 《동여도지》를 펴냈고, 이를 바탕으로 〈동여도〉라는 전국 지도를 만들었어.

〈동여도〉를 본 최한기는 크게 감탄하며 이런 훌륭한 지도를 한 부만 만드는 것은 아까운 일이라며 목판으로 제작할 것을 권했어. 이에 김정호는 〈동여도〉를 좀 더 간단하게 표현한 뒤 목판에 새김으로써 여러 개의 지도를 찍어 낼 수 있었단다. 이렇게 만들어진 가로 4미터, 세로 7미터 크기의 〈대동여지도〉는 22등분으로 나눈 후, 그것을 병풍처럼 접어 편리하게 가지고 다닐 수 있었어. 김정호의 오랜 노력 끝에 만들어진 정확하면서도 편리한 〈대동여지도〉는 당시 사람들에게 큰 사랑을 받았단다.

▲ 〈대동여지도〉

24

고종, 왕이 되다

조선의 제25대 왕 철종이 아들을 얻지 못한 채 죽자, 왕실의 큰어른이 었던 신정 왕후는 **흥선군**의 둘째 아들 명복을 다음 왕으로 정했어. 그가 바로 조선의 **제26대 왕**인 **고종**이야.

안동 김씨들은 자신들의 권력을 빼앗기지 않기 위해, 평소 왕족 가운데 뛰어난 인물이 나오면 그들을 제거하곤 했어. 이에 흥선군은 안동 김씨들의 눈에 띄지 않기 위해 왕족임에도 불구하고 평상시에도 건달처럼 행동하며 때를 기다렸지. 마침 신정 왕후도 자신의 가문인 **풍양 조씨**가 안동 김씨를 몰아내고 세도 정치를 할 수 있도록 허수아비 왕을 내세울 계획을 세우고 있었어. 그래서 늘 빈둥거리고 별 볼 일 없어 보이는 흥선군의 아들을 다음 왕이 될 사람으로 선택했던 거야. 그가 양의 탈을 쓴 늑대인지도 모르고 말이지.

이렇게 고종은 열두 살에 왕이 되었고, 그의 아버지 흥선 대원군이 그를 대신하여 10여 년 동안 나랏일을 보았어. 대원군이란, 왕의 아버지이

▲ 흥선 대원군 이하응의 초상

긴 하지만 왕이 아니었던 사람을 가리키는 말이지.

아들 대신 권력을 쥔 대원군은 세도 정치를 무너뜨리고 왕권을 강화하는 방향으로 움직였어. 일단 대원군은 가문에 상관없이 인재를 뽑아 썼고, **《대전회통》**이라는 법전을 만들어 법률을 다듬었으며, 당시 힘 있는 사람들이 자신의 권력을 지키기 위한 도구로 사용되었던 관청인 **비변사**를 없애 버렸어. 그리고 지방 백성들에게 세금을 떠넘겼던 **서원**들을 정리하여 마흔일곱 곳만 남겨 두었지. 또 양반들도 군포를 내게 하는 **호포제**를 실시하여 가난한 백성의 부담을 덜어 주었어.

이렇게 백성들을 위한 정치를 했던 대원군이었지만, 다른 한편으로는 백성들을 힘들게 하기도 했어. 바로 임진왜란 때 불탔던 **경복궁을 다시 지은 것** 때문이야. 그는 경복궁 공사를 위해 돈을 마구 찍어 냈고, 그 결과 백성들의 삶은 더욱 힘들어졌단다.

병인양요와 신미양요

병인양요는 병인년인 **1866년** 조선에 프랑스 군대가 쳐들어온 사건을, **신미양요**는 신미년인 **1871년**에 미국의 군대가 쳐들어온 사건을 말해. '양요'란, 서양 세력이 일으킨 난리라는 뜻이지. 그렇다면 프랑스와 미국은 왜 조선에 쳐들어온 것일까?

조선 후기에 천주교는 '**서학**'이라는 이름으로 서서히 사회 곳곳에 퍼져 나갔어. 이전 왕들은 이를 크게 신경 쓰지 않았지만, 천주교가 조선의 질서를 어지럽힌다고 생각한 대원군은 결국 1866년 프랑스 신부 아홉 명과 수많은 천주교인을 죽여 버렸지. 이 사건이 일어난 후, 프랑스 신부 세 명은 당시 중국에 머물고 있던 프랑스 함대로 가서 이 사실을 알렸단다.

프랑스 함대 사령관은 이 일을 핑계 삼아 일본에 있던 전함을 포함한 총 일곱 척의 배를 거느리고 조선으로 쳐들어왔어. 처음에 프랑스군은 별다른 저항 없이 **강화도**를 차지했고, 조선 조정에 프랑스와 물건을 사고팔 것을 요구했지. 하지만 조선 조정은 이에 답하지 않고 프랑스군이

머물고 있던 강화도 남쪽의 **정족산성**으로 군대를 보냈어. 결국 프랑스군과 조선군은 맞붙었고, 치열한 전투 끝에 조선군이 승리한단다. 전투에서 진 프랑스군은 강화성에서 훔친 은괴와 **《외규장각 의궤》** 등을 가지고 40여 일 만에 중국으로 돌아갔어. 이 사건이 바로 병인양요야.

한편, 병인양요가 일어나기 한 달 전쯤에 미국의 배 **제너럴셔먼호**가 조선의 굳게 닫힌 문을 열어 보겠다는 큰 꿈을 품은 채 대동강 입구에 도착했어. 그러나 외국과 물건을 사고파는 일을 금지하는 **쇄국 정책**을 펼치고 있던 조선은 이들에게 돌아가라고 경고했지. 제너럴셔먼호는 이를 무시하고 대동강을 거슬러 오르면서 조선의 백성을 인질로 잡은 뒤 나라의 문을 열라고 협박했어. 결국 조선의 군대와 백성들은 제너럴셔먼호를 공격하여 불태워 버렸고, 이를 알게 된 미국은 1871년에 군함 다섯 척을 이끌고 조선으로 쳐들어왔어. 양쪽 군대는 강화도 손돌목을 시작으로 초지진, 덕진진, 광성보에서 싸웠는데, 결국 조선군은 미군에 패배하고 말

아. 이후 강화도를 차지한 미국 함대는 조선이 나라의 문을 열고 미국과 물건을 사고파는 조약을 맺을 것을 요청했어. 하지만 미국과의 전투에서 패했음에도 조선 조정은 미국의 요구를 무시했고, 미국 함대는 어쩔 수 없이 강화도를 떠났단다. 이 사건이 바로 신미양요야.

이렇게 서양의 나라와 두 번의 전쟁을 치른 후, 대원군은 서양과는 가까이 지내지 않겠다는 뜻을 밝히는 척화비를 전국에 세웠단다.

오페르트 도굴 사건

　흥선 대원군이 다른 나라와 물건을 사고팔지 않는 **쇄국 정책**을 실시한 건 과연 무엇 때문이었을까? 이에 대해서는 여러 가지 이유를 들 수 있지만 조선이 겪은 두 번의 양요, 즉 **병인양요**와 **신미양요**도 영향을 미쳤을 거야. 그가 생각하기에 오로지 힘자랑만 할 줄 아는 서양 오랑캐는 유교 사상이 바탕을 이루고 있는 조선이 교류할 만한 집단이 아니었던 것이지. 그리고 **오페르트 도굴 사건**도 그의 결정에 어느 정도 영향을 주었음이 분명해. 오페르트 도굴 사건이란, 1868년 독일 출신의 상인인 오페르트가 흥선 대원군의 아버지인 남연군의 묘를 도굴하려다 실패한 사건을 말해. '**남연군 묘 도굴 사건**'이라 불리기도 하지.

　오페르트는 도굴 사건을 일으키기 전인 1866년, 조선과 교류를 하겠다며 두 차례 조선을 방문했지만 모두 실패하고 말아. 하지만 이때 오페르트는 흥선 대원군의 뜻과는 달리, 조선의 일반 백성들은 나라의 문을 열기를 바란다고 생각했어. 그래서 그는 대원군의 마음을 돌릴 수 있는 수단을 손에 넣기 위해 남연군의 무덤 도굴을 시도한 것이란다.

오페르트는 흥선 대원군이 1866년 수많은 천주교인을 무참히 죽일 때 탈출한 프랑스 신부 페롱, 미국의 총영사 젠킨스 등과 함께 1868년 4월 30일에 상하이를 출발하여 5월 10일 새벽 남연군의 묘가 있는 충청도에 도착했어. 그날 오후 남연군 묘에 도착한 오페르트 일행은 무덤을 파기 시작했지만, 도구라고는 고작 삽 네 자루뿐이었던 이들 앞에 무덤 입구를 막은 큰 바위가 나타나자, 결국 도굴을 포기하고 말았단다.

이렇게 오페르트 일행은 도굴에 실패했지만, 이 사건은 큰 문제를 불러일으켰어. 조선의 보고를 받은 청나라가 이를 알리면서 최소 5개국이 얽힌 국제적 문제로 번졌는데, 특히 조선인들에게 서양 사람들은 죽은 사람의 무덤 파헤치기를 서슴지 않는 야만인이라는 인상을 심어 주고 말았지. 결국 이 사건은 조선이 나라의 문을 더욱 굳게 걸어 잠그는 원인이 되었단다.

강화도 조약

　1875년 9월 20일, 강화도 앞바다에 이양선 두 척이 나타났어. 이양선이란, 외국에서 만든 큰 배를 말해. 강화도 앞바다에 나타난 이양선의 선원들은 조선군의 경고에도 아랑곳하지 않고 닻을 내리더니, 바다 위에 작은 배들을 띄워 그것을 타고 강화도로 다가왔지. 조선군이 이들을 향해 여러 차례 경고했지만, 그들은 멈추지 않았어. 결국 조선군이 대포를 발사하자 작은 배들은 급히 이양선으로 되돌아갔는데, 잠시 후 이양선 두 척은 강화도를 향해서 마구 포를 쏘아 대기 시작했어. 그러고는 근처 섬에 배를 댄 다음, 군사들을 풀어 마을 사람들을 죽이고 집들을 불태운 후 돌아갔지. 이 사건을 '**운요호 사건**'이라고 하는데, 운요호는 일본에서 보낸 두 척의 이양선 중 하나의 이름이야.
　일본은 다음 해인 **1876년 2월**, 조선에 군함을 보내 운요호 사건을 핑계로 일본과 가까이 지낸다는 약속을 맺을 것을 강요했어. 당시에는 대원군이 아닌 **고종**이 직접 나랏일을 보고 있었는데, 그는 이 일로 강화도에 사람을 보냈지. 강화도에서 만난 조선과 일본의 대표는 20여 일간의 의논 끝에 **강화도 조약**을 맺었어. 이는 조선이 맺은 **최초의 근대적 조약**이란다.

하지만 강화도 조약은 일본이 군사적 힘을 이용해 일방적으로 밀어붙인 **불평등 조약**이었어. 따라서 그 조약의 내용은 조선에 불리할 수밖에 없었지. 대표적인 불평등 조항으로는 일본 마음대로 조선의 해안을 측량할 수 있다는 것과, 일본 사람이 조선에서 죄를 지어도 일본의 법으로 재판받는다는 것 등이 있어. 그러나 무엇보다 가장 문제가 된 것은 일본 상인이 조선에 와서 장사할 때, 조선 조정에 내야 하는 세금인 **관세**에 관한 규칙이 없었다는 점이야. 결국 조선은 일본 상인들에게 관세를 받지 못했고, 이 문제를 해결하기 위해 오랫동안 노력해야만 했단다.

임오군란과 갑신정변

 1873년, 아버지 흥선 대원군의 그늘을 벗어나 직접 나라를 다스리기 시작한 고종은 적극적으로 서양의 문물을 받아들이는 **개화 정책**을 펼쳤어. 그 과정에서 왕비의 친척인 민씨 가문 사람들이 권력을 잡았고, 개화 정책에 찬성하는 **개화파**도 조정에 많이 진출했지.

 이 무렵 조선 조정은 개화 정책 중의 하나로 신식 군대인 **별기군**을 만들었는데, 이로 인해 구식 군대는 차별을 받았어. 특히 **1882년** 여름, 구식 군대의 월급이 13개월이나 밀리면서 이들의 불만은 더욱 심해졌지. 그런데 13개월 만에 월급으로 나온 쌀에 많은 양의 겨와 모래가 섞여 있자, 구식 군대의 불만은 마침내 폭발해 버렸어. 화가 난 군사들이 쌀을 관리하던 관아의 창고지기를 때리자, 책임자였던 왕비의 친척 **민겸호**는 창고지기를 때리는 데 앞장선 군사를 붙잡아 사형에 처해 버렸단다.

 더 이상 참을 수 없었던 구식 군대는 네 개의 무리로 나뉘어 왕비의 친척인 민씨 가문의 집들, 별기군이 머무는 집, 일본 공사관, 궁궐을 덮쳐 사람을 죽이고 건물을 마구 부쉈어. 구식 군대가 일으킨 이 사건을 '**임오 군란**'이라고 해. 일이 점점 커지자 조선 조정은 청나라에 도움을 요청했고, 마침 조선을 차지하려고 벼르고 있던 청나라는 바로 군대를 출동시켜 이 사건을 잠재웠지.

임오군란이 마무리되자, 청나라는 본격적으로 조선의 정치에 영향을 미치기 시작했어. 이에 따라 조선의 개화파도 민씨 가문 사람들과 손을 잡았지. 이들은 조선을 더 나은 쪽으로 바꾸겠다는 **온건 개화파**와 청나라가 조선에 간섭하는 것에 불만을 품은 **급진 개화파**로 나뉘었어. 그런데 하루빨리 조선을 개혁하지 않으면 청나라가 조선을 차지해 버릴 수도 있다는 절박감에 사로잡혀 있었던 급진 개화파는 일본을 끌어들여 정변을 일으키기로 계획한단다.

결국 **1884년 10월 17일** 저녁, 이들은 우편을 담당하는 관아인 **우정국**이 처음 문을 연 것을 축하하는 날에 정변을 일으켰어. 축하 파티가 한창이던 무렵 파티장은 아수라장이 됐고, 정변을 계획하고 이끈 **김옥균** 등은 바로 창덕궁의 고종에게 가서 우정국 파티장에서 정변이 일어났다고 보고했지. 그러고는 고종의 안전을 위해 일본군에 도움을 요청해야 한다며 일본군을 끌어들였어. 그리고 다음 날인 18일 오전에 새 정부에서 일할 사람들을 임명하고, 19일 오전에는 조선이 청에 예물을 바치는 행위를 멈추고, 신분이 아닌 능력에 따라 관리를 임명하며, 토지 제도를 개혁하여 백성을 보호하고, 의정부와 6조 이외의 불필요한 기

▲ 갑신정변의 주역들(왼쪽부터 박영효, 서광범, 서재필, 김옥균)

관을 없앤다는 구체적인 개혁안을 발표했단다.

한편, **명성 왕후**가 청나라에 따로 도움을 요청하면서 19일 오후에 청나라 군대가 창덕궁에 도착했고, 이들과 일본군은 전투를 벌였어. 얼마 후 청나라 군대에 밀린 일본군이 조선에서 군대를 물리기로 결정하면서, 결국 급진 개화파가 일으킨 정변은 사흘 만에 끝나고 만단다. 이를 '**갑신정변**'이라고 해.

동학 농민 운동

세도 정치 시기에 자주 일어났던 민란은 고종이 왕이 된 뒤에도 계속되었어. 그중에는 특히 1894년 1월, 백성들을 못살게 굴던 전라도 고부 군수 조병갑을 혼내 주기 위해 **동학**의 고부 지역 우두머리인 **전봉준**이 농민 1,000여 명을 이끌고 일으킨 민란도 있었지. 동학은 **1860년 최제우**가 시작한 종교로, 농민들 사이에서 인기가 높았어.

전봉준이 민란을 일으키자, 조정에서는 조병갑을 자리에서 내쫓고 새로운 군수와 조사관을 보냈어. 그런데 조사관은 도리어 농민들의 재산을 빼앗고, 민란에 참여한 농민들을 마구 잡아들였지.

이대로 가만있으면 안 되겠다 싶었던 전봉준은 새로운 관리들의 잘못된 행동을 바로잡기 위해 들고일어나려 하니, 자신과 함께해 달라는 편지를 써서 동학교도들에게 돌렸어. 그러자 순식간에 동학교도 1만여 명이 모여들었단다. 이들은 부패한 관리들과 불법적으로 재산을 모은 부자들을 처벌하고, 토지 제도를 개혁하며, 능력에 따라 인재를 고루 뽑아 쓰고, 노비 문서를 불태울 것을 조정에 요구했어. 얼마 후 **동학 농민군**은 결국 전라도의 중심지인 전주성까지 점령해 버렸지. 이를 알게 된 조정에서는 청나라에 도움을 요청했고, 심지어 **일본**까지 조선에 군대를 보내는 바람에 한반도에는 금방이라도 전쟁이 날 것 같은 분위기가 감돌았단다.

▲ 동학 농민군 백산 봉기 기록화

 상황이 심각해지자 동학 농민군은 평화를 위해 조정에 자신들의 뜻을 받아들여 줄 것을 요구했고, 조정에서도 이를 허락하면서 이들은 각자의 자리로 돌아가기로 했어. 하지만 일본군이 조선에서 물러날 생각을 하지 않자, 1894년 9월에 약 20만 명의 동학 농민군은 다시 한번 들고일어났지. 그리고 그해 11월 **공주 우금치**에서 동학 농민군의 운명이 걸린 전투가 벌어지는데, 7일간 50여 차례나 벌어진 전투에서 결국 동학 농민군은 일본군과 조선군에게 크게 패하여 뿔뿔이 흩어지고 말았어. 그리고 전봉준도 얼마 후에 잡혀 처형됨으로써 동학 농민 운동은 끝이 나고 만단다.

명성 왕후 시해 사건

동학 농민 운동이 일어나자, 조선 조정의 요청으로 청나라는 조선에 군대를 보냈어. 그런데 청나라와 일본은 둘 중 한 나라가 조선에 군대를 보내면, 다른 나라도 군대를 보낼 수 있는 조약을 맺은 상태였었지. 이에 따라 청나라가 조선에 군대를 보내자 일본도 군대를 보냈고, **1894년** 두 나라는 조선 땅에서 전쟁을 벌였단다. 이를 '**청일 전쟁**'이라고 해.

청일 전쟁에서 승리한 일본이 청나라의 **요동반도**를 차지하자, **러시아**와 **독일**, **프랑스**가 이 일에 간섭하며 청나라에 요동반도를 되돌려주라고 했어. 상황을 지켜보던 조선 조정은 일본에 대항하기 위해 러시아와 손을 잡았고, 이를 알게 된 일본은 무척 초조해했지. 자신들이 조선에 대한 영향력을 계속 이어 가기 어렵다고 판단한 거야. 결국 일본은 당시 러시아와 친하게 지내려 한 **명성 왕후를 제거**하기로 마음먹었어.

1895년 8월 20일 새벽, 수십 명의 일본 군사와 칼잡이를 포함하여 일본인 교관의 지휘를 받던 조선인 훈련대 무리가 흥선 대원군을 앞세우

▲ 건청궁 옥호루를 찍은 사진

고 명성 왕후가 지내던 건청궁으로 쳐들어갔어. 그리고 명성 왕후를 잔인하게 죽인 다음, 그 시체를 건청궁 뒤쪽에 있는 소나무 숲에 버리고 불태워 버린단다. 이 사건을 '**을미사변**' 혹은 '**명성 왕후 시해 사건**'이라고 해. 처음에 일본은 이 사건을 대원군이 반란을 일으키려고 벌인 일이라고 발표하지만, 당시 이를 목격한 러시아 건축 기사 사바틴과 미국인 시위대 교관 다이가 사건의 진실을 알림으로써 일본의 잔인한 범죄가 세상에 드러나게 되었단다.

러시아 공사관으로 피한 고종

명성 왕후를 살해한 일본은 고종에게까지 겁을 주며 러시아와 친한 조정 대신들을 내쫓고 일본과 친한 대신들을 불러들이게 했어. 일본은 이런 방식으로 조선에 대한 영향력을 이어 나갔지. 그리고 조선 백성들로 하여금 상투를 틀지 않고 머리를 짧게 자르도록 하는 '**단발령**'을 내렸단다.

하지만 **유교**의 나라인 조선에서 머리카락을 자르는 건 부모에게서 물려받은 신체의 일부를 훼손하는 것, 즉 유교에서 중시하는 '**효**'에 어긋나는 일이었기에 단발령에 대한 백성들의 저항은 무척 심했어. 심지어 "내 머리는 잘라도 머리카락은 못 자른다"라는 말까지 있을 정도였지. 상황이 이렇다 보니 단발령을 취소시키고 명성 왕후의 원수도 갚기 위해 양반들을 중심으로 의병을 일으키는 사람들이 많았어. 이때 일어난 의병을 '**을미 의병**'이라고 해. 을미 의병의 특징은 **양반이 중심**이었고, 의병 안에서도 신분에 따른 차별이 있었다는 거야. 결국 이 신분 차별은 의병의 전투 의지를 약하게 만드는 원인이 되기도 했지. 을미 의병을 대표하는 의병장으로는 충청도를 무대로 활약한 유인석이 있어.

한편, 일본의 협박으로 경복궁 안에 갇혀 버린 고종은 일본이 자신을 언제 해칠지 몰라 매우 불안해했어. 임오군란과 갑신정변 같은 사건을 포함하여 을미사변으로 자신의 왕비가 죽임을 당하기까지 했으니, 그가 일본을 두려워한 것도 어쩌면 당연한 일이었지.

결국 고종은 1896년 2월 11일 새벽, 궁녀가 타는 가마에 몸을 숨기고 일본의 감시망을 피해 경복궁을 벗어나 러시아 공사관으로 피했어. 이를 '아관 파천'이라고 한단다. 고종은 이때부터 다음 해 2월까지 러시아 공사관에 머무르는데, 이는 조선에 대한 러시아의 영향력을 한층 더 강화시키는 계기가 되었지.

32

사라진 개혁의 꿈, 독립 협회

　김옥균 등과 함께 일으킨 갑신정변이 실패한 뒤 미국으로 몸을 피해 생활하던 **서재필**은 1894년에 대한 제국으로 돌아왔어. 그는 1896년 **《독립신문》**을 발간하고 외국의 세력으로부터 완전히 독립하고자 하는 뜻을 세상에 널리 알리기 위해 중국의 사신을 맞이하던 영은문 자리에 새로이 **독립문**을 세우자는 의견도 냈지. 이때 서재필이 독립문 건립을 위해 만든 모임이 바로 **독립 협회**란다.

　그런데 독립문이 완성되어 갈 즈음인 1897년경, 독립 협회는 독립문 건립을 바라던 처음의 목적에서 벗어나 변화를 맞이했어. 이런 변화를 이끈 사람은 서재필과 함께 독립 협회를 만든 **윤치호**였는데, 이들은 정기적으로 토론회를 열어 정치적인 주제를 다루기 시작한 거야. 그러던 1898년 3월 10일, 독립 협회는 종로에서 **만민 공동회**를 열었어. 만민 공동회가 열리면 누구나 연단에 올라 연설을 할 수 있었는데, 이런 과정을 통해 만민 공동회는 점차 정치적인 성격을 띠게 되었지. 이로 인해 대한 제국 정부와 갈등을 겪기도 했단다.

결국 1898년 10월 28일, 독립 협회는 만민 공동회를 열어 여러 가지 개혁안을 포함한 헌의 6조를 제시하였고, 이를 불편하게 여긴 고종은 독립 협회의 간부들을 체포해 버렸어. 이에 독립 협회가 시위를 벌이며 저항하자, 정부는 어쩔 수 없이 잡아갔던 간부들을 풀어 주고 헌의 6조의 실행을 약속했지. 그런데 독립 협회가 새롭게 구성된 중추원(초기의 국회) 의관으로 갑신정변을 일으킨 박영효를 뽑은 것이 고종의 분노를 불러일으키고 말았어. 이로 인해 만민 공동회가 금지되고 독립 협회 역시 해산되면서, 근대적인 의회를 만들어 보려 했던 독립 협회의 꿈은 물거품이 되어 버렸단다.

조선이 대한 제국으로

　러시아 공사관으로 몸을 피한 고종은 평소 일본 편을 들었던 조정 대신들을 모두 내쫓았어. 그러자 역시 이들에게 화가 나 있었던 백성들이 총리대신이었던 **김홍집**과 농상공 대신 **정병하**를 살해했고, 유길준과 조희연, 장박 등은 일본으로 도망쳤단다.

　이렇게 고종은 러시아의 도움으로 일본의 공포에서 잠시나마 벗어날 수 있었어. 그런데 러시아가 아무런 대가 없이 고종을 도와줬을까? 고종이 러시아 공사관에 머무는 것을 기회로 삼은 러시아는 조선의 광산을 개발하고 나무를 베어 내는 등, 자신들에게 이득이 되는 권리를 챙겨 갔어. 즉, 고종의 러시아 공사관 이용료는 아주 비쌌던 셈이지.

　상황이 이렇게 되자, 여러 대신과 백성들은 고종이 빨리 경복궁으로 돌아와야 한다고 주장했어. 한 나라의 왕이 다른 나라의 공사관에 오랜 기간 머무는 것은 말도 안 되는 일이었으니 말이야. 하지만 그 당시 고종은 일본이 자신을 해칠지도 모른다는 걱정에 휩싸여 있었기에 아무런 대책도 없이 궁으로 돌아갈 수는 없었어. 이에 고종은 **민영환**을 러시아로 보내 자신을 지켜 줄 군대를 빌려 오게 했고, 러시아 공사관으로 몸을 피한 지 약 1년 만인 **1897년 2월 20일**에 경복궁이 아닌 **경운궁**(지금의 덕수궁)을 고쳐 지어 그곳으로 다시 돌아온단다.

 하지만 고종이 다시 돌아왔다고 해서 모든 일이 해결된 것은 아니었어. 약해질 대로 약해져 버린 왕권을 다시 강화해야 했고, 나라의 힘도 키울 필요가 있었지. 이에 고종은 나라 이름을 '**대한 제국**'으로 바꾸고 **환구단**에서 황제 즉위식을 치렀어. 환구단은 고려 시대부터 하늘과 땅에 제사를 지내던 곳으로, 고종은 스스로 황제가 됨으로써 나라의 분위기를 바꾸어 보려 했던 거야. 과연 고종의 계획은 성공할 수 있었을까?

을사조약과 을사오적

아관 파천 이후 조선에 대한 러시아의 영향력이 점점 커지자, 조선을 집어삼킬 기회를 노리던 일본은 무척 초조해했어. 하지만 러시아의 힘이 너무 강했기에, 일본으로서는 계속 군대의 힘을 키우며 또다시 기회가 오기를 기다릴 수밖에 없었지.

그러던 1904년 2월, 일본군이 인천과 뤼순에 있는 러시아 군대를 공격하면서 러일 전쟁이 시작되었는데, 1905년 5월에 지금의 대한 해협 부근에서 일본 해군이 러시아의 발트 함대를 물리치면서 결국 일본은 러시아와의 전쟁에서 승리를 거머쥐었어. 그런데 여기서 한 가지 짚고 넘어가야 할 사실이 있어. 일본은 바로 이 러일 전쟁을 시작하면서 우리나라의 독도가 자신들의 영토임을 선언했고, 이때의 선언을 근거로 아직도 독도가 일본 땅이라고 우기고 있는 중이야.

어쨌든 러일 전쟁에서의 승리로 세계의 여러 나라가 일본을 다시 보기 시작했고, 일본은 이 기회를 놓치지 않았어. 이들은 이토 히로부미를 조선으로 보내 조선의 외교권을 빼앗는 조약을 맺으려 했지만, 고종 황제가 여러 가지 핑계를 대면서 이를 거부했단다.

결국 이토 히로부미는 조선의 대신들이 모인 자리에서 이 조약을 맺을 것을 강요했어. 이 자리에서 한규설과 민영기, 이하영은 일본과 조약을 맺는 것을 반대했지만, 이완용과 이지용, 박제순, 이근택, 권중현 등 다섯 명은 찬성했지. 이로써 이토 히로부미는 다수결로 조약이 맺어졌음을 선언했어. 이 조약을 '을사조약(을사늑약)'이라 하고, 조약에 찬성한 다섯 명의 대신을 '을사오적'이라고 부른단다. 그런데 을사조약이 적힌 문서에는 황제의 도장, 즉 국새가 아닌 외부대신 박제순의 도장만 찍혔으므로 애초에 이 조약은 무효인 셈이었어. 그럼에도 조선은 을사조약으로 인해 강제로 외교권을 빼앗겼고, 결국 일본의 통치 아래에 놓이게 된단다.

헤이그 특사, 고종의 비밀 명령을 받다

일본에 의해 강제로 을사조약을 맺은 대한 제국은 을사조약의 부당함을 알리기 위해 여러 방면으로 애를 썼지만, 강대국들의 외면으로 이렇다 할 효과는 거둘 수 없었어. 그러던 중 고종은 **1907년 6월 15일에 네덜란드 헤이그**에서 **만국 평화 회의**가 열린다는 소식을 듣고, 그곳에 특사단을 파견해서 을사조약의 부당함을 전 세계에 알리기로 하지.

먼저 당시 재판을 맡아 보던 관청의 검사였던 **이준**은 고종에게서 위임장을 받고 1907년 4월 26일경 러시아 블라디보스토크에 도착하여 북간도에 있던 **이상설**에게 전보를 보냈어. 이준의 전보를 받은 이상설은 이동녕, 정순만과 함께 5월 14일경 블라디보스토크에 도착했지. 이후 그곳에 살던 한인들이 모은 돈을 전달받은 이준과 이상설은 시베리아 횡단 철도를 타고 6월 4일 러시아의 수도 페테르부르크에 가서 **이위종**과 만났단다.

이들 특사단은 고종의 편지를 전달하기 위해 러시아 황제를 만나려 했지만, 2주가 지나도록 만날 수 없었어. 할 수 없이 6월 19일에 페테르부르크를 출발한 특사단은 만국 평화 회의가 시작한 지 10일이 지난 6월 25일, 드디어 헤이그에 도착했지. 하지만 그때는 이미 만국 평화 회의 의장이 러시아의 외무 장관으로부터 대한 제국 특사단에 협조하지 말라는 요청을 받은 상태였으므로, 이들은 회의에 참석할 수 없었단다.

특사단은 호소문을 작성하여 이를 기자들에게 돌리고, 인터뷰도 하는 등 갖은 노력을 했어. 하지만 강대국들의 무관심 속에서 이들이 기대했던 결과는 끝내 얻을 수 없었지. 결국 이준은 헤이그에서 7월 14일에 숨을 거두었고, 이후 일본은 헤이그 특사 파견을 핑계로 고종을 대한 제국 황제 자리에서 쫓아냈어. 이로써 대한 제국의 운명은 그야말로 바람 앞의 촛불 신세가 되었단다.

▲ 헤이그 특사(왼쪽부터 이준, 이상설, 이위종)

국채 보상 운동으로 나랏빚을 갚자!

일본은 을사조약에 따라 대한 제국의 외교권을 강제로 빼앗은 후, 대한 제국을 보다 쉽게 통치하기 위해 경제적 어려움에 처하도록 대한 제국 정부가 **일본에 빚을 지게 하는 계략**을 꾸몄어.

일본은 대한 제국으로 하여금 여러 가지 시설을 만들고 사업을 벌이게 하여 이에 필요한 돈을 빌려주었지만, 그것들은 정작 대한 제국이 아닌 일본이 대한 제국을 침략하는 데 필요한 것들이었어. 결국 1907년경 대한 제국의 빚은 이자까지 합쳐서 약 1,300만 원에 달했다고 해. 1906년 대한 제국의 1년 예산이 790만 원이었으니, 1년 예산보다 훨씬 큰돈을 일본에 빚지고 있었던 거야.

이런 상황에서 **1907년 2월 16일**, 대구에서 **국채 보상 운동**이 시작되었어. 그때부터 순식간에 전국에서 많은 단체가 만들어졌는데, 실제로 많은 사람이 담뱃값을 모아 성금으로 냈고, 일부 사람들은 그들이 가지고 있던 각종 보석과 금붙이들을 내놓았지. 그 결과 운동이 시작된 지 3

개월 만에 4만여 명이 참여함으로써 일본에 진 빚을 머지않아 갚을 수 있게 되었단다.

  하지만 일본은 이 운동을 가만히 두고 보지 않았어. 그들은 국채 보상 운동에 큰 역할을 한 **양기탁**과 《대한매일신보》 사장이었던 영국인 **베델**이 성금을 마음대로 사용했다는 거짓 소문을 퍼뜨린 뒤 두 사람을 체포했지. 물론 이 소문은 거짓임이 밝혀졌지만, 사람들의 마음속에서 국채 보상 운동에 대한 의심을 완전히 걷어 낼 수는 없었어. 게다가 일본의 끈질긴 방해 때문에 결국 나랏빚을 갚는 데 실패하고 말지. 하지만 국채 보상 운동을 통해 나라를 지키기 위한 국민들의 간절한 마음을 확인할 수 있었고, 이는 나중에 독립운동으로 이어진단다.

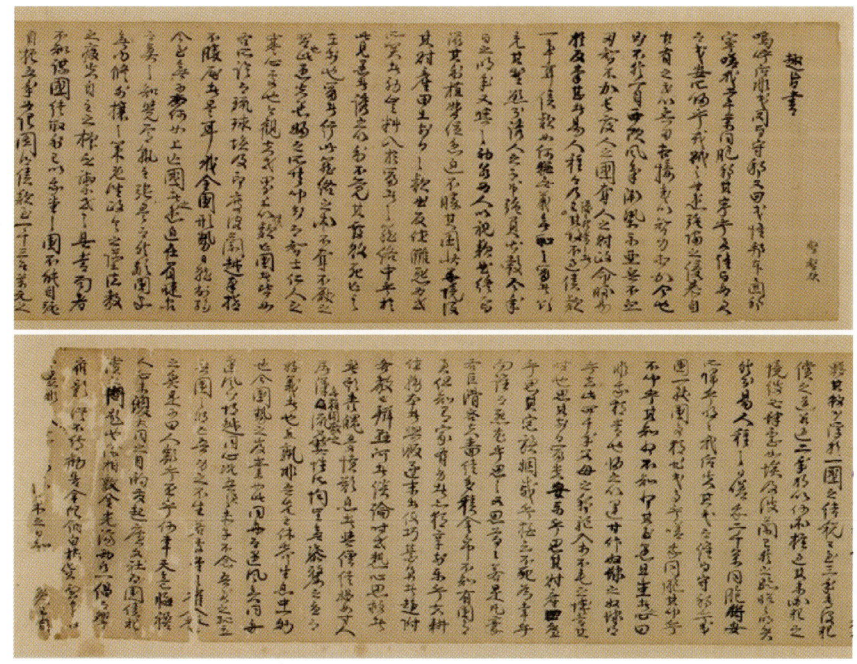

▲ 국채 보상 운동의 목적을 쓴 글

안중근, 이토 히로부미를 암살하다

일본이 강제로 을사조약을 맺은 것을 알게 된 조선의 많은 사람이 분노했어. 먼저 유학자들은 을사조약이 무효이고, 이를 맺게 한 다섯 명의 매국노인 을사오적을 죽여야 한다는 글을 고종 황제에게 올렸어. **민영환**을 비롯한 몇몇 사람은 너무도 분한 나머지 스스로 목숨을 끊기도 했지. 그리고 나철과 오기호 등은 을사오적을 죽이기 위한 결사대를 만들기도 했으며, **장지연**은 《황성신문》에 〈시일야방성대곡(오늘 목 놓아 통곡하노라)〉이라는 글을 발표했어. 또 전국 각지에서는 의병이 일어났는데, 이를 **'을사 의병'**이라고 해.

이처럼 조선의 많은 사람이 일본에 대한 분노로 들끓었는데, 그중에는 31세의 **안중근**도 있었어. 1879년 9월 2일, 황해도 해주에서 태어난 안중근은 어릴 적 할아버지에게서 유학과 역사를 배웠고, 16세 때는 가족과 함께 천주교 신자가 되면서 프랑스어와 서양 학문을 배워 근대 사상에 눈을 떴단다. 이후 우리 민족이 살아남기 위해서는 학문을 배워야 한다고 주장하며 학교에서 학생을 가르쳤는데, 을사조약이 맺어지고 2년 뒤에는 만주로 가서 일본에 대항하여 투쟁을 벌였지.

그 후 의병 부대가 없어지자 연해주로 간 안중근은 그곳에서 **이토 히로부미**가 **하얼빈**을 방문한다는 소식을 듣게 돼. 그는 나라와 민족을 위해 큰 결심을 하고, 여러 동지의 도움을 받아 하얼빈역에서 이토 히로부미를 총으로 쏘아 죽였지. 그 자리에서 붙잡힌 안중근은 사형을 선고받았고, **1910년 3월 26일** 뤼순 감옥에서 32세의 나이로 짧은 생을 마쳤어.

이처럼 안중근은 조선의 독립 의지를 세계에 알린 자랑스러운 독립운동가였어. 독립운동을 향한 그의 굳은 마음과 이를 실행하기 위한 활동에 관한 이야기는 그가 뤼순 감옥에 갇힌 후 처형되기 직전까지 쓴 책인 **《동양 평화론》**과 《안응칠 역사》를 통해 더욱 자세히 살펴볼 수 있단다.

일본의 식민지가 되다

고종 황제는 을사조약이 대한 제국과 일본이 뜻을 함께하여 맺은 것이 아닌, 불법적으로 맺은 조약이란 사실을 세계에 알리기 위해 1907년 네덜란드의 **헤이그**에서 열린 **만국 평화 회의**에 특사를 보냈어. 헤이그 특사 사건에 대해서는 앞에서 설명했던 것 기억하지? 이때 고종 황제의 비밀 명령을 받은 특사 **이준**, **이상설**, **이위종** 등 세 사람은 만국 평화 회의에 참석해서 대한 제국과 고종 황제의 의견을 전달하려 했어. 하지만 강대국의 필요에 따라 열린 만국 평화 회의에 대한 제국을 위한 자리는 없었지.

헤이그에 특사를 파견한 것을 문제 삼은 일본은 결국 고종 황제를 내쫓고 그 아들을 새 왕으로 삼았어. 그가 바로 조선의 마지막 왕이자 대한 제국의 2대 황제인 **순종**이야. 일본은 순종이 왕이 되고 며칠 안 되어 **정미7조약**을 맺고 **군대를 해산**했어. 이로써 대한 제국은 외교권에 이어 군사권까지 일본에 빼앗기고 말았지.

이에 반발한 군인들은 각지에서 일본군과 전투를 벌였어. 그리고 이들은 의병에도 참여했는데, 이때 일어난 의병을 '**정미 의병**'이라고 해. 정미 의병 중에서는 함경도의 **홍범도** 부대와 경상도의 **신돌석** 부대가 유명했어. 이들은 한반도에 대한 일본의 불법적인 행위를 국제 사회에 알리기 위해 전국적 의병 조직인 '**13도 창의군**'을 조직했지. 그러나 의병 조직을 뿌리 뽑기 위한 일본의 **남한 대토벌 작전**으로 이들은 뿔뿔이 흩어졌고, 결국 1910년에 이르러 한반도에서의 의병 활동은 점차 잦아들었단다. 이 같은 일본의 야만스러운 행위는 의병들을 따라다니며 취재한 캐나다 출신의 영국 기자 **매켄지**에 의해 세상에 드러나게 되었어. 그러나 일본은 1910년 8월 29일에 강제로 **한일 병합 조약**을 맺었고, 이로써 대한 제국은 일본의 식민지가 되고 만단다.

▲ 1915년 일본의 대한 제국 식민 통치 5주년 기념 박람회가 열린 경복궁

 1910년 8월 한일 병합 조약.

 1910~1918년 토지 조사 사업.

 1919년 4월 대한민국 임시 정부 수립.

 1919년 3월 3·1 만세 운동.

 1920년 10월 청산리 대첩.

 1929년 광주 학생 항일 운동.

  1932년 4월 윤봉길, 훙커우 공원에서 폭탄 투척 의거.

일제 강점기

1910년 ~ 1945년

 1937년 중일 전쟁 발발.

 1940년 한국광복군 조직.

 1945년 일본의 식민 통치에서 해방됨.

1

군대와 경찰이 조선을 짓밟다

1910년 이후 일본의 한반도 지배는 크게 세 시기로 구분할 수 있어. 첫 번째는 1910년부터 1919년까지로, 일본이 한반도를 총과 칼로 지배한 **무단 통치기**야. 두 번째는 1919년부터 1931년까지로, 이 시기는 우리 민족의 마음과 힘을 한데 모으지 못하도록 한 **문화 정치기**이지. 세 번째는 1931년부터 일본이 제2차 세계 대전에서 패배하는 1945년까지로, 한반도에서 전쟁에 필요한 물건과 사람을 강제로 빼앗아 간 **민족 말살 통치기**란다. 여기에서는 무단 통치기의 특징에 대해 알아볼 거야.

무단 통치기의 두 가지 특징은 **헌병 경찰제**와 **태형권**이야. 헌병 경찰제란, 군대에서 경찰 역할을 하는 헌병들이 일반인들에게도 경찰의 역할을 하는 제도이지. 즉, 헌병들이 일반인들까지 다스린 제도였단다. 일본이 헌병 경찰제를 시행한 이유는 조선인들 사이에 공포 분위기를 만들어 자신들의 말을 잘 듣게 하기 위해서였어. 이때의 경찰들은 칼을 차고 다니면서 죄 없는 사람들을 위협했고, 대부분 일본인이었던 학교 선생님들 또한 칼을 찬 채 수업하면서 학생들에게 공포심을 심어 주었단다. 이 외에도 거의 모든 생활에 간섭했던 헌병 경찰 때문에, 조선인들은 매일같이 억눌린 삶을 살아야 했어. 그 가운데 특히 태형권은 조선인들을 너무나도 힘들게 했지.

  태형권이란, **채찍이나 몽둥이로 사람을 때릴 수 있는 권리**를 말해. 그러니까 조선인들은 길을 가다가 헌병 경찰의 눈에 거슬리기만 해도 태형을 맞아야 했지. 심지어 이 태형권은 일본인을 제외한 조선인에게만 적용되었어. 이것만 보아도 일본이 조선인들을 얼마나 차별했는지 알 수 있겠지? 이처럼 무단 통치기에 조선인들은 숨도 제대로 쉬지 못하며 살아야 했단다.

② 토지 조사 사업과 농민의 몰락

일본은 군사적 힘으로 조선 사람들을 억누르는 한편, 한반도를 확실한 식민지로 다스리기 위해 **토지 조사 사업**을 시작했어. 토지 조사 사업이란, **조선 총독부**가 조선의 모든 땅에 대하여 그 땅의 주인과 종류를 파악하기 위해 1910년부터 1918년까지 벌인 사업이야. 조선 총독부는 일본이 식민지 조선을 다스릴 목적으로 설치한 기관이지. 그러니까 토지 조사 사업은 조선 시대의 **양전 사업**과 비슷한 거라고 보면 돼.

조선 총독부는 조선을 위한 근대적인 토지 제도와 세금 제도를 마련한다는 핑계로 토지 조사 사업을 시작했는데, 이것은 땅을 가진 일부 주인들의 권리를 더욱 크게 만들어 주었어. 또한 세금을 거둘 수 있는 땅이 늘면서 조선 총독부의 세금 수입도 두 배 정도 불어났단다. 이런 식으로 일본은 조선을 식민지로 다스리기 위한 밑바탕을 다져 나갔지.

하지만 실제로 토지 조사 사업은 조선이 아닌 일본에만 좋은 제도였어. 조선 총독부는 토지 조사 사업을 시행하면서 이에 대해 널리 알리지 않거나 땅 주인이 자신의 땅임을 증명하기 위한 등록 기간을 짧게 정하는가 하면, 등록 방법을 매우 어렵게 만드는 등 **조선 사람들이 자신의 땅에 대한 권리를 갖지 못하도록 방해**했거든. 그렇게 주인 없는 땅들이 생기자, 조선 총독부는 조선으로 건너온 일본 사람들에게 그 땅을 싼값에 팔아넘겼어. 또 농민들이 돈을 주고 땅을 빌려 농사를 짓는 소작권을 인정해 주지 않아서 농사 지을 땅이 없어진 농민들이 도시로 모여든 원인이 되기도 했지.

이처럼 토지 조사 사업은 조선 총독부와 일본인 및 부유한 일부 조선 사람들의 배는 부르게 했을지 몰라도, 수많은 조선 농민으로 하여금 땅을 잃게 함으로써 1920년대 조선 사회를 크게 불안하게 만들었단다.

3

해외에서 활동한 독립운동가들

일제의 통치에서 벗어나기 위한 독립운동은 나라 안은 물론이고 밖에서도 활발히 이루어졌어. 이번에는 나라 밖에서 활동한 독립운동가 세 분의 삶을 살펴보도록 하지.

첫 번째는 '독립군의 어머니'로 불린 **남자현**이야. 1872년 경북 안동에서 태어난 남자현은 19세에 결혼했지만, 5년 뒤 을미 의병에 참여했던 남편이 세상을 뜨는 바람에 홀로 아들과 시부모님을 보살펴야 했어. 그렇게 23년이 지나 3·1 만세 운동이 일어났고, 남자현은 자신도 나라를 위해 나서야 한다는 걸 깨달았지. 48세의 남자현은 아들과 함께 압록강을 건너 만주로 향했고, 이후 **'서로 군정서'**라는 무장 독립 단체에 가입하여 활동을 시작했단다. 이때는 특히 젊은 독립군들이 남자현을 잘 따랐다고 해. 한번은 청산리 전투에 참여한 독립군 10여 명이 일본군에 쫓기다가 남자현의 집에 숨어들었는데, 남자현은 이들을 치료하고 음식도 해 주는 등 정성을 다해 보살펴 주었어. 그때 이후로 남자현은 **'독립군의 어**

머니'로 불리게 된단다. 또한 남자현은 실제로 두 차례나 비밀 작전에 참여하기도 했는데, 1933년 만주국에서 일본 대사를 암살하려다 계획이 들통나는 바람에 붙잡히고 말았지. 감옥에 갇혔을 때도 15일 동안 아무것도 먹지 않으며 일본에 저항하다 풀려났지만, 몸이 너무 쇠약해진 탓에 더 이상 버티지 못하고 62세의 나이에 세상을 떠나고 말았단다.

두 번째는 **대한민국 임시 정부**에서 초대 내무 총장을 지낸 **안창호**야. 1878년 평안남도 강서군에서 태어나 교육 사업에 힘쓰던 안창호는, 우리나라를 위해 더 큰일을 하려면 새로운 학문을 공부해야 한다는 생각으로 25세가 되던 해에 미국으로 유학을 떠났지. 그는 미국에 사는 조선인들의 생활과 생각을 바꿀 필요가 있음을 깨닫고 '**공립 협회**'라는 독립운동 단체를 만들어 조선인들의 권리와 이익을 보호하는 데 앞장서는 한편, 일본에 대항하는 일도 했단다. 그러다 1905년에 일본이 불법으로 을사조약을 맺자, 안창호는 국내로 들어와 1907년에 **신민회**라는 비밀 단체를 만들어 일본에 저항했어. 1909년, 일본에 체포되어 모진 고문을 당하고 풀려난 안창호는 다시 미국으로 건너가 '**흥사단**'이라는 단체를 만들어 인재를 기르는 데 힘썼지.

▲ 도산 안창호(왼쪽부터 1925년, 1932년, 1937년에 찍은 사진)

미국에서 3·1 만세 운동 소식을 전해 들은 안창호는 이번엔 중국 상하이로 건너가 임시 정부에 참여했어. 그러다 1932년 윤봉길 의사의 폭탄 투척 의거 이후 일본 경찰의 단속에 걸려 감옥에 갇혔지. 일본은 온갖 방법을 사용해 안창호의 마음을 돌려 보려 했지만 실패했어. 결국 모진 옥살이로 병을 얻은 채 풀려난 안창호는, 이후 끝내 회복하지 못하고 1938년 3월 10일에 영원히 눈을 감고 만단다.

세 번째는 독립운동에 전 재산을 바친 **이회영**이야. 이회영은 1867년에 매우 부유한 집안의 아들로 태어났어. 신학문을 공부한 그는 아버지가 돌아가시고 난 후 집안의 노비들을 모두 자유롭게 풀어 주었고, 1905년에는 을사조약이 애초에 잘못된 조약임을 국제 사회에 알리는 활동에 참여하기도 했지.

이후 항일 신문인 《대한매일신보》를 펴내던 언론인 **양기탁**에게서 만국 평화 회의가 열린다는 소식을 들은 이회영은 고종과 접촉하여 헤이그 특사를 파견시키는 데 성공했어. 그러던 1910년, 일본이 끝내 조선을 식민지로 삼자 이에 분노하여 형제들과 의논한 끝에 집안의 재산을 모두 팔아 만주로 가서 독립운동을 하기로 결정하지. 만주로 건너간 그들은 가장 먼저 **신흥 무관 학교**를 세워 독립군을 길러 내는 데 힘썼어. 그리고 고종을 중국으로 망명시키는 작전을 시도하는 등 활발한 독립운동을 펼쳤지. 그러던 중 이회영은 1932년 중국 다롄에서 일본 경찰에 붙잡혀 모진 고문을 받다가, 65세의 나이로 숨을 거두고 말았단다.

4

3·1 만세 운동이 일어나다

1918년 11월 11일, 제1차 세계 대전이 끝났어. 전쟁에서 승리한 미국은 1919년 프랑스에서 열린 **파리 강화 회의**에서 **민족 자결주의**를 내세웠지. 민족 자결주의란, **각 민족의 운명은 그 민족의 뜻대로 결정해야 한다는 원칙**이야. 이는 당시 일본의 식민지였던 우리 민족에게 한 줄기 빛과도 같은 소식이었지.

1919년 1월 21일, 고종 황제가 세상을 떴다는 소식이 전해졌어. 사람들은 평소 건강하던 고종 황제의 갑작스러운 죽음에 의심을 품었고, 얼마 후 일본이 독을 써서 고종을 죽인 거라는 소문이 빠르게 퍼졌어. 소문을 들은 사람들은 분노했지. 그런데 일본에 대한 조선 사람들의 분노는 단지 고종 황제의 죽음 때문만이 아니었어. 일본이 조선 땅에서 10년 넘게 이어 온 무단 통치에 대한 분함과 1918년에 끝난 토지 조사 사업 때문에 자기 땅을 잃은 수많은 사람의 불만이 전부 합쳐진 것이었지. 그리고 이러한 조선 사람들이 분노를 터뜨린 결정적 원인이 된 건, 임시

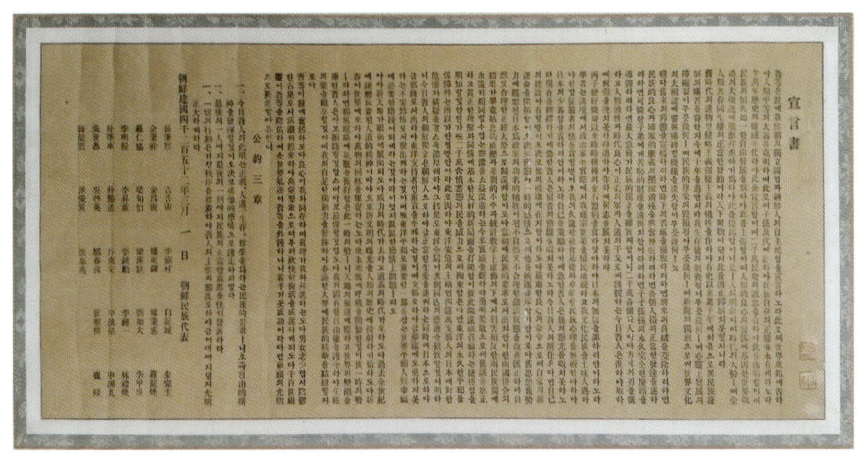
▲ 민족 대표 33인의 이름이 적힌 〈독립 선언서〉

정부의 외무 총장으로서 조선의 독립을 주장하기 위해 파리 강화 회의에 파견된 **김규식**의 한마디였어. 그가 출국하기 전, 파리 강화 회의에서 자신이 조선의 독립을 주장하려면 그 근거가 있어야 한다며 독립 시위를 해 달라고 부탁한 거야. 이와 같은 김규식의 말에 독립운동가들은 기회를 엿보고 있었고, 마침 고종 황제가 갑작스럽게 죽었다는 소식이 전해지자 때가 왔다고 생각했어.

독립운동가들은 고종 황제의 장례식날에 독립을 선언하고 만세 시위를 벌이면, 장례식을 보기 위해 전국에서 모인 사람들이 이에 함께할 거라고 생각했어. 그래서 고종 황제의 장례식날인 3월 3일을 만세 시위 날로 잡고, 민족 대표 33인의 이름으로 〈**독립 선언서**〉를 준비했지. 그런데 이 계획이 종로 경찰서 형사에 의해 들통나면서, 결국 독립운동가들은 만세 시위 날을 예정보다 이틀 앞당긴 **3월 1일**로 정했단다.

드디어 3월 1일, 태화관에 모인 민족 대표들은 〈독립 선언서〉를 낭독

한 다음, 경찰서에 연락해 스스로 체포되었어. 한편, 탑골 공원에서 민족 대표들을 기다리고 있던 학생들은 이들이 나타나지 않자 〈독립 선언서〉를 읽고 만세를 부르기 시작했지. 만세의 물결은 순식간에 퍼져 나갔고, 수십만의 사람들이 대한 독립을 외쳤단다.

　이렇게 시작한 만세 운동은 5월 말까지 계속되었는데, 일본은 폭력적인 방식으로 만세 운동을 짓밟았어. 당시 조선 총독부의 기록에 따르면, 1,542번 일어난 만세 운동에 약 106만 명 정도가 참여했다고 해. 그리고 그 과정에서 7,509명이 목숨을 잃고 1만 5,961명이 부상당했으며, 4만 6,948명이 체포되었지. 하지만 3·1 만세 운동은 **우리 민족의 독립 의지를 세계에 알린 자랑스러운 민족 운동**이었단다.

▲ 덕수궁 앞 만세 시위 장면

만세 운동의 상징, 유관순

   3·1 만세 운동이 일어났을 당시, 만세를 외치는 수많은 사람들 틈에는 이화 학당에 다니던 17세의 학생 **유관순**도 끼여 있었어. 이화 학당 선생님들은 학교 문을 걸어 잠그고 학생들이 만세 운동에 참여하지 못하게 막았어. 하지만 학생들은 담을 넘으면서까지 이에 참여했고, 결국 경찰에 체포된 학생들을 선생님들이 경찰서에 가서 직접 데려오기도 했지. 이렇게 학생들의 만세 운동 참여가 늘어나자 일본은 서울에 있는 모든 학교의 문을 닫도록 하는 휴교령을 내렸고, 그 바람에 유관순은 고향인 충청남도 목천군(지금의 천안)으로 내려간단다.

   하지만 유관순은 고향에서도 만세 운동에 적극적으로 참여했어. 이미 유관순의 아버지 유중권과 몇몇 사람들은 아우내 장터 주변의 여섯 개 마을 사람들과 힘을 합쳐 4월 1일에 만세 운동을 벌일 것을 계획하고 있었지. 마침 서울에서 만세 운동에 참여한 적이 있었던 유관순은 그때의 경험을 살려 마을과 마을 간의 연락을 담당했어. 이때 유관순은 수십 리

▲ 일제 감시 대상 인물 카드에 담긴 유관순의 모습

길을 마다하지 않고 걸어 다니며 고향 사람들에게 만세 운동을 알리려 애썼단다.

드디어 4월 1일, 독립운동가 **조인원**의 만세를 신호로 **아우내 장터**에 모인 수천 명의 사람들이 대한 독립 만세를 외치기 시작했어. 이에 놀란 헌병 경찰은 시위대를 향해 총과 칼을 휘두르며 만세 운동을 막아 보려 했지. 그들의 총과 칼에 맞은 사람들이 쓰러지자 시위대는 강력하게 항의했고, 이에 헌병 경찰들은 더욱 무자비하게 시위대를 공격했단다. 헌병 경찰들은 시위대 앞에서 태극기를 들고 있던 유관순을 위협하고, 태극기를 빼앗아 깃대를 부러뜨렸어. 이때 헌병 경찰을 막으려던 유관순의 부모님이 그들의 총에 맞아 세상을 떠나고 말았지. 결국 유관순은 헌병 경찰에 체포되었고, 서울 서대문 형무소에서 3년간의 감옥 생활을 하게 된단다.

그러나 유관순은 감옥에서도 쉬지 않고 독립 만세를 외쳤어. 특히 3·1 만세 운동 1주년이었던 1920년 3월 1일에는 함께 갇힌 죄수들과 만세를 부르다 일본인 간수에게 맞아 아주 심한 부상을 입고 말지. 이후 일본은 유관순을 석방하기로 했는데, 심한 고문으로 병이 든 채 시름시름 앓던 유관순은 석방을 이틀 앞둔 날 18세의 어린 나이로 차디찬 감옥 안에서 세상을 떠나고 만단다.

유관순은 죽기 직전까지도 나라를 위해 바칠 목숨이 하나뿐인 것을 안타까워했다고 해. 일본의 식민지 교육 속에서도 꺾이지 않은 학생 유관순의 나라를 위하는 마음은, 결국 항일 애국 정신의 꽃으로 활짝 피어났단다.

대한민국 임시 정부의 수립

　조선 땅 안과 밖에서 3·1 만세 운동을 준비한 독립운동가들은 여기저기에 흩어져 있는 독립운동 세력들을 하나로 묶을 수 있는 정부가 필요하다고 생각했어. 이에 따라 3·1 만세 운동 전과 후로 여러 곳에 임시 정부가 세워지고 있었지.

　이때 가장 먼저 임시 정부를 세운 건 러시아에서 활동하던 독립운동가들이었어. 1919년 3월, 이들은 러시아 블라디보스토크에 모여 '**대한 국민 의회**'를 만들었지. 한편 조선에서 활동하던 독립운동가들도 1919년 4월 서울에 '**한성 정부**'라는 임시 정부를 만들었고, 같은 달 중국에 있던 독립운동가들 역시 **상하이**에 모여 이곳에 임시 정부를 꾸렸단다.

　하지만 여러 개의 임시 정부가 만들어진 이후 상황이 독립운동 세력을 하나로 묶어야 한다는 처음의 목적과는 다르게 흘러가자, 각 임시 정부는 서로 통합하기 위해 노력하기 시작했어. 특히 상하이 임시 정부의 내무 총장이던 **안창호**가 힘을 합치면서 그 효과는 빠르게 나타났단다. 안창호의 노력으로 각 지역의 임시 정부는 새로운 하나의 의회를 만들기로 했어. 같은 해 8월 30일, 이들은 중국 상하이에서 모여 임시 정부를 하나로 통합했고, 9월 11일에는 **대한민국 임시 헌법**을 만들어 널리 알렸지. 임시 정부는 임시 헌법을 통해 '대한민국'을 국호로 하며, 대한 제국을 이어받았음을 분명히 하고 있단다.

　이로써 대한 제국이 망한 지 9년 만에 우리 민족은 **민주 공화국**임을 주장하는 정부를 갖게 되었어. 이 정부를 '**대한민국 임시 정부**'라고 해.

7

문화 정치로도 막을 수 없었던 독립운동

조선 사람들의 3·1 만세 운동에 화들짝 놀란 일본은 총칼에만 의지하는 무단 통치 방식으로는 조선을 제대로 다스리기 어렵다는 사실을 깨닫고, 이후 **문화 정치**로 통치 방식을 바꾸었어. 문화 정치란, 힘으로 찍어 누르기만 하는 무단 통치와는 달리, 앞에서는 당근을 주면서 뒤로는 더욱 강하게 채찍질하는 통치 방식이었지. 헌병 경찰에서 보통 경찰로의 변화, 양보와 의논을 통해 긴장을 없애는 유화 정책, 민족 분열 정책 등의 세 가지 방법이 이 문화 정치기를 특징짓는 변화들이란다.

우선 **헌병 경찰이 보통 경찰로 바뀐 것**은 당시 조선 사람들에게 가장 깊게 와닿은 변화였어. 보통 경찰로 바뀐 것 외에도 학교의 선생님들 또한 더 이상 제복을 입거나 칼을 차지 않았지. 그렇다면 한국인들에 대한 일본의 감시는 줄었을까? 결코 그렇지 않아. 오히려 경찰관들의 수는 더 늘었지. 실제로 1919년에 736개였던 전국 경찰서 수가 1920년에는 2,761개로 약 3.7배 증가했고, 경찰관의 수도 6,387명에서 1만 8,376명

으로 약 2.8배 더 늘어났단다. 그러니까 겉으로는 보통 경찰제로 바뀌었다며 조선 사람들에 대한 압박을 풀어 주는 척했지만, 뒤로는 오히려 경찰관의 수를 늘려 우리 민족에 대한 감시를 더욱 촘촘히 한 것이었지.

문화 정치기에 실행한 두 번째 정책은 **부분적인 유화 정책**이었어. 이에 관한 대표적인 예로는 무단 통치 시절에 완전히 금지되었던 **언론**, **집회** 및 **출판**의 자유를 어느 정도 받아들였다는 걸 들 수 있지. 그래서 당시에 《동아일보》,《조선일보》 등의 한글 신문이 나올 수 있었던 거야. 하지만 이 또한 총독부의 허락 아래에서만 자유로웠기 때문에 여전히 금지되는 것들이 많았어. 즉, 일본은 자유를 허용해 주는 척하면서, 실제로는 자신들의 입맛에 맞는 것만 받아들인 이중적인 태도를 보인 것이었지.

세 번째 정책은 **민족 분열 정책**이야. 이건 한마디로 **친일파**를 키워서 조선의 독립운동을 방해하려는 정책이었어. 총독부는 이를 위해 조선 사회 곳곳에서 친일파를 키우려는 계획을 세웠지. 그 결과, 1920년대 초부

터 친일 단체가 여기저기 만들어지면서 활동을 시작했어. 하지만 친일파를 키워 독립운동을 약화시키려던 일본의 계획은 조선인들의 거센 반항에 부딪혀 별다른 효과를 거두지 못했고, 오히려 독립운동가들을 더욱 똘똘 뭉치게 하는 결과를 낳았단다.

똑똑한 팁 ― 기생들의 만세 운동

3·1 만세 운동에는 기생과 같은 조선 사회에서 무시당하는 사람들도 참여했어. 3·1 만세 운동이 일어나자, 3월 19일 진주를 시작으로 수원, 해주, 통영 등의 기생들도 만세 운동에 참여했지. 이렇게 나라를 사랑하는 마음은 직업에 상관없이 고귀한 법이란다.

봉오동 전투와 청산리 대첩

조선이 서서히 일본의 식민지가 되어 갈 때쯤, 남만주의 **간도** 지역에는 일본에 대항하던 조선의 의병장들과 몸과 마음을 바쳐 나라를 구하려던 애국지사들 그리고 땅을 잃은 조선의 농민들이 모여들었어. 그러다 보니 간도 지역은 일본에 대항하는 독립 투쟁의 중심지가 되었단다. 또한 애국지사들은 간도에 **군사 학교**를 세웠는데, 이를 통해 애국심을 키우고 전투력을 갖춰 독립운동에 나설 인재들이 많이 나오게 되었지.

그러던 중 한반도에서 **3·1 만세 운동**이 벌어졌다는 소식이 전해지면서 간도에서도 만세 운동이 일어났는데, 일본이 이를 폭력적으로 다스리는 바람에 많은 사람이 부상을 입거나 목숨을 잃었어. 이에 간도에서 활동하던 항일 단체들은 재빠르게 무장 조직(독립군)을 만들어 일본에 대항했지. 그렇게 독립군 부대들이 본격적으로 활동한 지 1년쯤 지난 1920년, 간도 지역에는 2,900여 명을 거느린 비교적 강한 일곱 개의 독립군 부대가 만들어졌단다. 그 결과, 1920년 한 해에만 독립군과 일본

군 간에 무려 1,651번의 전투가 벌어졌어. 일본은 수많은 군사를 보내 독립군을 없애려 했고, 독립군 부대들은 똘똘 뭉쳐 **최명록**와 **홍범도** 장군의 지휘 아래 전투 의지를 불태우고 있었지.

전투는 독립군 부대 중 하나가 일본군을 먼저 공격해 꾀어내는 것으로 시작되었어. 그 후 세 차례의 전투가 이어지는데, 독립군은 이 전투에서 모두 승리하지. 이 전투를 통틀어 '**봉오동 전투**'라고 부른단다. 이때 일본군은 157명이 죽고 200여 명이 부상을 당한 데 비해, 독립군은 단 네 명만 목숨을 잃었고 부상자도 많지 않았어. 첫 연합 작전에서 이루어 낸 독립군의 완벽한 승리였지.

독립군에게 크게 패한 일본군은 그 후 더 많은 군사를 모아 또다시 공격해 왔어. 하지만 이런 상황을 미리 예상하고 있었던 독립군은 백두산 쪽으로 이동하며 또 한 번의 연합 작전을 준비하지. 독립군은 **김좌진** 장군과 홍범도 장군에게 지휘를 맡기고, 봉오동 전투 때처럼 주변이 산으로 막혀 있는 **청산리**로 일본군을 꾀어냈어. 드디어 10월 21일에 전투가 시작되었고, 그 후 6일 동안 청산리 부근 여러 곳에서 10여 차례의 크고 작은 전투가 벌어졌지. 그 결과 일본군은 1,200여 명, 독립군은 100여 명이 목숨을 잃었어. 독립군이 일본군을 상대로 또 한 번 빛나는 승리를 거둔 이 전투를 '**청산리 대첩**'이라고 한단다.

▲ 김좌진 장군

▲ 홍범도 장군

9

국산품을 사용합시다!

    1920년대에는 일본에 저항하기 위한 여러 가지 움직임이 있었어. 그중 물산 장려 운동에 대해 살펴보기로 해.
    물산 장려 운동이란, **국산품 사용**을 권장한 운동이야. 이 운동은 조선이 일본에게서 경제적으로 독립하려면 조선에서 생산하는 물건을 사용해야 한다고 주장한 것에서 출발했어. 1920년 8월, 평양에서 **조만식** 등 70여 명은 **조선 물산 장려회**를 만들어 사람들에게 조선에서 생산되는 물건의 사용을 권하고 다녔지. 이와 관련하여 《동아일보》는 1922년 1월에 "조선인은 조선인이 경영하는 상점에서 물건을 사고팔며, 조선인이 만든 물건을 사용해 부를 쌓음으로써 조선의 힘을 키워야 한다"는 기사를 실었단다. 하지만 그때까지도 물산 장려 운동은 전국적으로 퍼져 나가지 못한 상태였어.
    그러던 1922년 10월경, 총독부가 앞으로 조선과 일본 사이에 **관세**를 없앨 거라는 소식이 전해지자, 그때까지는 별로 중요하게 다루어지지 않앉던 경제에 관한 기사들이 신문과 잡지에 실리기 시작했어. 이를 계기로 조선이 경제적인 힘을 기르기 위해서는 국산품을 사용해야 한다는 움직임이 차츰 퍼져 나가게 되었단다.

이후 상금을 걸고 물산 장려 운동의 표어를 모집하는 등 지방 사람들과 학생들까지 물산 장려 운동에 참여하자, 1923년 1월 23일 서울에서도 조선 물산 장려회가 만들어졌어. 하지만 안타깝게도 물산 장려 운동의 열기는 오래가지 못했어. 그때까지만 해도 조선에서 생산되는 상품이 많지 않았기 때문에 국산품을 쓰고 싶어도 쓸 수가 없었거든. 결국 물산 장려 운동은 1년 남짓 진행되다가 시들해지고 말았단다.

10

조선의 쌀을 빼앗아 가다

　제1차 세계 대전 이후 일본의 경제는 급속히 발전했지만, 물가가 크게 오르면서 서민들은 오히려 살기가 힘들어졌어. 그러던 1918년 8월 일본 전 지역에 걸쳐 '쌀 소동'이 벌어졌고, 이에 일본 정부는 일본에 쌀을 싼 값으로 공급하기 위해 조선의 쌀 생산량을 대량으로 늘릴 계획을 세운단다. 이를 **'산미 증식 계획'**이라고 해. 그렇다면 일본의 이 정책은 조선에 어떤 영향을 미쳤을까?

　먼저 산미 증식 계획은 **조선의 농업 구조를 비정상적으로 변화**시켰어. 조선 후기의 농업을 설명하면서 다양한 작물을 재배했다고 설명한 것 기억하지? 그런데 일제 강점기에 들어와서는 오직 쌀의 생산량만을 늘려야 했기 때문에 다른 작물의 생산은 급격히 줄어들었어. 즉, 당시 조선의 농업은 오로지 쌀농사에만 의존하는 구조가 되어 버린 거야.

　그다음으로는 늘어난 쌀 생산량보다 일본으로 빠져나가는 쌀의 양이 더 많아서 조선 사람들은 **쌀 부족 현상**을 겪어야만 했어. 1920년과

1930년을 비교해 보면, 쌀 생산량은 250만여 석이 늘어난 것에 비해 일본으로 빠져나간 쌀의 양은 490만여 석이 늘어난 거야. 이 때문에 당연히 조선인들의 쌀 소비량은 줄어들었고, 생활 수준 또한 매우 나빠질 수밖에 없었지.

또 산미 증식 계획은 **지주제가 더욱 강화**되는 결과를 가져왔어. 일본인들은 매우 넓은 땅을 가진 사람들에게만 쌀농사를 짓는 데 필요한 비용을 빌려주었거든. 그래서 비교적 작은 땅을 가진 사람들은 농사를 짓기가 어려워지면서 나중엔 결국 토지를 잃게 되었지. 이를 이용해 넓은 땅을 가진 대지주들은 계속 더 많은 땅을 차지할 수 있었단다.

6월 10일, 또 한 번의 만세 운동이 일어나다

1926년 6월 10일, 대한 제국의 마지막 황제인 순종의 장례식이 치러졌어. 이때는 우리 민족의 독립운동이 전체적으로 힘을 잃어 가던 시기였지. 그런데 바로 이날, 학생들을 중심으로 또 한 번의 만세 운동이 일어났단다.

그 당시 3·1 만세 운동의 영향으로 만들어진 임시 정부는 내부적 갈등을 겪으며 독립을 향해 나아갈 힘을 잃어 가고 있었고, 만주에서 활발히 이루어지던 무장 독립 투쟁도 청산리 대첩을 끝으로 일본의 공격에 밀려 러시아 쪽으로 물러난 상태였어. 그리고 나라 안에서 전개된 실력 양성 운동도 일본의 문화 정치로 인해 제대로 힘을 발휘하지 못하고 있었지. 이런 상황에서 6·10 만세 운동은 학생들이 앞장서서 준비하여 독립운동에 다시 한번 활기를 불어넣었다는 점에서 큰 의미가 있단다.

1926년 4월 25일, 순종이 죽자 노동자와 학생들이 중심이 되어 만세 운동을 준비하기 시작해. 이후 5월 20일에 40여 명의 학생이 모여 순종의 장례식날인 6월 10일에 만세 운동을 벌이기로 결정하지. 그리하여 6월 8일과 9일 이틀에 걸쳐 만세 운동을 알리는 글 1만 매를 인쇄한 뒤, 관련 학생들에게 나누어 주었단다.

 드디어 6월 10일, 순종의 관이 종로를 지날 때 학생 2만 4,000여 명이 만세를 부르기 시작했어. 그러자 장례식에 참가한 일반 백성들도 함께 만세를 외쳤지. 마치 3·1 만세 운동과 같은 상황이 펼쳐진 거야. 이때 일본 경찰에 붙잡힌 학생은 전국적으로 1,000여 명이나 되었는데, 이 중 11명이 재판에 넘겨지고 10명이 감옥에 갇혔어.

 6·10 만세 운동은 힘을 잃어 가던 독립운동에 다시 한번 활기를 불어넣어 준 동시에, 3·1 만세 운동과 광주 학생 항일 운동을 연결하는 역할을 함으로써 독립운동사에 큰 의미를 남긴 사건이란다.

광주 학생들이 들고일어나다

　1929년 10월 30일, 광주에서 나주로 가는 통학 열차 안에서 일본인 남학생 몇 명이 조선인 여학생들의 댕기 머리를 잡아당기며 놀리는 사건이 일어났어. 이를 본 조선인 남학생들이 일본인 남학생들을 말리는 과정에서 일본인 학생 50여 명과 조선인 학생 30여 명이 서로 치고받는 싸움이 벌어진단다. 그런데 현장에 출동한 일본 경찰은 일방적으로 일본인 학생들 편을 들었고, 이에 불만을 품은 조선인 학생들이 11월 3일 일본에 항의하는 시위를 벌였지. 이때 광주의 조선인 학생들이 들고일어난 시위는 독립운동의 성격을 띠고 있었는데, 일본인 학생들이 조선인 학생들의 시위 현장으로 쳐들어가는 바람에 일은 더욱 커지고 만단다.

　조선과 일본 학생들 사이의 다툼이 항일 운동으로 발전한 원인은, 평소 일본인 교사들이 학교에서 조선인 학생들에게 보인 태도와도 관계가 있어. 그들은 늘 조선인 학생들을 무시했고, 자유로운 토론 및 비판을 금지하는 등 교육자답지 못한 태도를 보임으로써 조선인 학생들로 하여금 일본에 불만을 품을 수밖에 없도록 만들었지.

이후 광주의 조선인 학생들은 다시 힘을 모아 11월 12일에 큰 시위를 벌였어. 일본은 시위에 참석한 조선인 학생 250여 명을 잡아들이는 등 학생 운동이 퍼져 나가는 걸 막으려 했지만, 서울 지역의 학생들도 이 운동의 영향을 받아 12월 9일부터 항일 시위를 시작했지.

12월 9일 서울에서 첫 시위가 시작된 이후, 이는 전국으로 퍼져 나가기 시작해 1930년 3월 초까지 무려 320여 개 학교와 5만 명 이상의 조선인 학생들이 일본에 반대하는 시위에 참여했어. 이를 통틀어 **'광주 학생 항일 운동'**이라고 하는데, **3·1 만세 운동 이후에 일어난 가장 큰 항일 운동**이었단다.

한인 애국단의 활동

1919년에 만들어진 대한민국 임시 정부는 1920년대 중반으로 접어들면서 나라 안팎으로 여러 어려움에 맞닥뜨리게 돼. 제1차 세계 대전에서 승리한 국가들은 일본의 시민지였던 조선의 독립에는 별 관심을 갖지 않았어. 게다가 일본의 괴롭힘으로 임시 정부의 국내 조직이 파괴되는 바람에 독립 활동에 필요한 돈을 모으는 데 어려움을 겪은 데다, 독립운동가들 사이에서도 독립운동의 방법과 생각의 차이로 큰 문제가 발생했지. 이에 임시 정부는 눈앞에 닥친 어려움을 극복할 방법을 마련해야 했는데, 그중 하나가 바로 **한인 애국단**이었어. 한인 애국단은 임시 정부가 만든 비밀 단체로, 자신의 목숨을 희생하면서까지 일본에 대항하는 싸움을 벌였지. 한인 애국단의 단장은 **김구** 선생이었고, 주요 단원은 **이봉창, 윤봉길** 의사 등이 있단다.

비밀 단체였던 한인 애국단이 처음 그 모습을 드러낸 것은 이봉창 의사의 **도쿄 일왕 암살 시도** 때였어. 이봉창 의사는 1932년 1월 8일, 도쿄에서 육군 행사에 참여하고 돌아오는 일왕의 마차를 향해 폭탄을 던졌지. 하지만 폭탄이 터진 마차는 일왕의 마차가 아닌 궁내 대신의 마차였고, 그조차도 폭발력이 약해 이들의 계획은 실패하고 말았어. 그럼에도 이 사건은 도쿄 한복판에서 일왕의 암살을 계획했다는 점에서 큰 주목을 받았단다.

윤봉길 의사의 **훙커우 공원 폭탄 투척**도 한인 애국단이 계획한 대표적인 사건이야. 1932년 4월 29일, 일본은 상하이 훙커우 공원에서 일왕의 생일 축하 겸 상하이 사변의 승리 축하 행사를 열었어. 이때 윤봉길 의사가 물통처럼 꾸민 폭탄을 단상으로 던져 일본군 총사령관을 비롯한 몇 명을 죽거나 다치게 했지. 이와 같은 한인 애국단의 활동은 우리나라 사람들의 강한 독립 의지를 전 세계에 확인시켜 주었단다.

▲ 윤봉길 의사

▲ 이봉창 의사

태평양 전쟁을 일으킨 일본

일본이 조선을 식민지로 만든 것은 중국 대륙을 집어삼키기 위한 준비 운동과도 같았어. 드디어 조선을 완전한 식민지로 삼은 데 성공했다고 판단한 일본은 먼저 만주에 대한 본심을 드러냈지.

1931년 9월 18일 밤, 지금의 선양시 부근에 있는 **류타오후**에서 남만주 철도의 기찻길이 폭파되는 사건이 발생했어. 근처에는 일본군과 중국군이 있었는데, 사건이 발생한 직후 일본군이 중국군 쪽으로 대포를 쏘았지. 다음 날 아침, 일본군은 중국군이 기찻길을 폭파하고 자신들까지 공격하는 바람에 중국군에 대포를 쏜 것이라고 발표했어. 그런데 사실 기찻길 폭파는 만주 침략의 구실을 만들기 위해 일본이 꾸민 짓이었지.

그 후, 일본은 계획대로 만주의 주요 도시들을 차근차근 점령해 나갔어. 1932년 1월경 일본군은 진저우에서 하얼빈까지 **만주의 대부분을 차지**했고, 3월에는 청나라의 마지막 황제 **푸이**를 자신들이 세운 **만주국**의 황제로 올렸지. 하지만 푸이는 허수아비 왕이었을 뿐, 실제로는 일본이

마음대로 나라를 다스렸단다. 이듬해인 1933년 5월, 일본은 중국 북동부의 탕구에서 중국과 전투를 멈추기로 약속함으로써 이른바 '만주 사변'이라고 부르는 이 사건은 마무리될 수 있었지.

하지만 일본은 만주를 차지한 것에 만족하지 않고, 1937년 7월 루거우차오에서 중국군과 싸움을 벌임으로써 중국을 또다시 침략할 구실을 마련했어. 이것이 바로 중일 전쟁의 시작이었지. 당시 중국은 공산당과 국민당 정부가 한창 싸우고 있었는데, 일본이 쳐들어오자 이들은 싸움을 멈추고 공동으로 대항했어. 그럼에도 일본은 1937년 7월 말에 베이징과 톈진 지역을 공격하고, 12월에는 난징을 차지하면서 죄 없는 중국인 20만 명을 마구 죽이는 난징 대학살 사건을 일으킨단다.

이때까지만 해도 일본은 중국을 쉽게 점령할 수 있을 줄 알았을 거야. 하지만 중국 땅은 너무나 넓었고, 전쟁이 생각보다 길어지면서 일본의 사정은 매우 어려워졌어. 엎친 데 덮친 격으로, 일본의 중국 침략에 매우 화가 난 미국이 1941년 7월에 석유와 철을 포함하여 일본에 어떤 물건도 팔지 않는 정책을 시행했지. 전쟁에 필요한 물건을 만들기 위해 많은 물건을 수입해야 하는 일본으로서는 몹시 난처한 상황에 빠진 거야.

결국 1941년 12월 7일, 일본은 하와이의 **진주만**에 있던 미국의 태평양 함대를 갑자기 공격함으로써 미국과의 전쟁을 선포했어. 이로써 제2차 세계 대전의 일부인 **태평양 전쟁**이 시작되었고, 결국 일본은 스스로 낭떠러지로 향하는 길을 택하고 만단다.

15

민족 말살 정책

1937년, 중일 전쟁을 일으킨 일본은 전쟁에 필요한 물자와 사람을 채우기 위해 식민지인 한국을 그 기지로 삼고 전쟁에 이용하기 시작했어. 이를 **'병참 기지화 정책'**이라고 해. 그런데 일본은 이 정책을 보다 쉽게 실행하려면 한국 사람들이 자신을 일본 사람이라 생각하고 행동하게 만들어야 된다고 생각했어. 그래서 '일본과 한국은 하나'라는 문구까지 만들어 한국인이 한국인으로서 갖는 특징을 없애 버리는 **민족 말살 정책**을 시행한단다. 그렇다면 당시 일본은 민족 말살 정책을 시행하기 위해 구체적으로 어떤 방법을 사용했을까?

먼저 **우리의 말과 글**을 사용하지 못하게 했어. 일본은 그전부터 학교에서 우리의 말과 글을 배우는 시간을 줄여 왔는데, 1930년대부터는 학교나 나라의 기관 등에서 오로지 일본어만 사용하도록 했지.

또 다른 방법은 **한국의 역사**를 가르치지 않거나, 혹은 가르치더라도 사실과 다르거나 그릇된 역사를 가르쳤다는 거야. 그 대표적인 예로 '임나**일본부설**'을 들 수 있어. 이는 4세기 중엽부터 6세기 중엽까지 일본이 한반도 남부의 임나(가야) 지역을 다스렸다는 이론이야. 이처럼 일본은 그릇된 역사를 가르침으로써 한국은 그때도 일본의 식민지였으니, 지금도 일본의 식민지인 것이 당연하다고 믿게 한 것이지.

또 **신사 참배**와 **황국 신민 서사 낭송**도 있어. 신사 참배란, 일왕을 신으로 모신 신사를 만들고 매일 아침 그 신사를 향해 인사를 올리는 거야. 그런데 이때마다 대일본 제국의 신민으로서 해야 할 일을 일러 주는 황국 신민(일왕에게 충성을 바치는 백성) 서사를 큰 소리로 읽어야 했어. 즉, 일본은 한국인들을 모두 일왕에게 충성을 바치는 백성으로 만들고자 했던 것이지.

▲ 광주공립여자고등보통학교(현 전남여자고등학교) 학생들의 신사 참배 모습

이 외에도 **일본식 성명 강요**가 있어. 이는 한국 사람들의 이름을 전부 일본식으로 바꾸는 것을 말해. 한국인들로서는 성을 바꾼다는 건 상상도 할 수 없는 일이었기 때문에, 당시 이에 대한 반발이 무척 심했어. 하지만 일본은 이름을 바꾸지

않는 사람에게 불이익을 주거나 집단에서 따돌리는 등의 방식으로 괴롭혔고, 이에 견디지 못한 많은 사람이 어쩔 수 없이 일본식으로 이름을 바꾸었다고 해.

　이렇게 일본은 여러 가지 방법으로 우리 민족에게서 한국인으로서의 특성을 없애고 그들처럼 만들려 노력했어. 하지만 이러한 상황에서도 우리 민족은 위기를 슬기롭게 잘 극복해 왔단다.

조선어 학회 사건

한국을 식민지로 만든 일본은 우리말과 글의 사용을 금지했지만, 그래도 학생들을 교육할 때 필요했기에 보통학교(일제 강점기에 조선 사람들에게 초등 교육을 하던 학교)에서 사용할 한글 철자법을 만들었어. 그런데 총독부가 만든 한글 철자법은 문법에 맞지 않는 데다 엉터리였으므로, 국어학자인 **주시경**과 그 제자들은 이를 비판하며 1921년에 **조선어 연구회**를 만들었단다. 여기에 **이극로**를 중심으로 몇몇 회원들이 연구회 안에 조선어 사전 편찬회를 따로 만들었는데, 조선어 사전을 통해 민족의 정신을 다시 깨우는 것이 목적이었어. 조선어 연구회는 1931년 1월에 이름을 '**조선어 학회**'로 바꾸고, 1936년에 조선어 사전 편찬회가 맡고 있던 사전 만들기 작업을 넘겨받아 1939년 초 단어의 정리와 해설을 거의 마무리한단다. 드디어 조선어 사전의 출판이 코앞에 다가온 거야.

그러던 1942년 10월, 약 16만 개의 단어가 실린 조선어 사전의 원고를 출판사에 보내고 출판을 기다리던 조선어 학회는 안타깝게도 사전을 출판할 수 없게 되었어. 함경남도에 있는 홍원 경찰서에서 '민족주의 단체'라며 조선어 학회의 회원들을 체포하고 조선어 사전의 원고를 빼앗았던 거야. 이를 '**조선어 학회 사건**'이라고 해. 일본은 1943년 4월까지 조선어 학회의 주요 회원과 후원자들을 잡아들여 조선의 독립을 꾀했다는 죄로 재판에 넘기는데, 이때 감옥에 갇힌 사람들은 한국이 해방된 후에야 풀려나게 되지.

한편, 일본에 빼앗긴 조선어 사전 원고는 어떻게 됐을까? 조선어 사전 원고는 해방 후에 기적적으로 서울역 창고에서 발견되어 1947년 **《조선말 큰사전》** 1권을 시작으로 1957년에 마지막 6권까지 출판되었어. 이로써 한글 사전을 만들고자 애썼던 우리 민족의 오랜 꿈이 이루어졌단다.

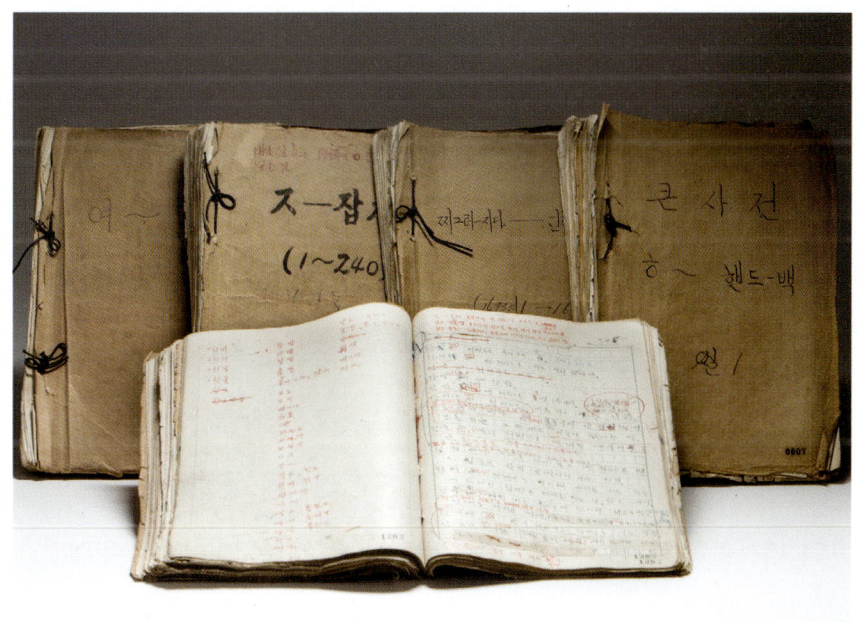

▲《조선말 큰사전》 원고

펜으로 써 내려간 독립운동

　독립운동이라고 하면 무기를 사용한 전투나 비밀 작전 등을 먼저 떠올릴지도 몰라. 하지만 일본에 대항한 독립운동은 글을 쓰는 방식으로도 이루어졌어.
　글로써 독립운동을 한 대표적인 인물로는 독립운동가이자 역사학자인 **신채호**를 들 수 있어. 신채호는 어릴 때 할아버지에게서 유학을 배워 과거 시험을 쳤는데, 나이가 든 후 **독립 협회**에 가입하여 한국인의 민족정신을 일깨우는 데 앞장섰어. 그리고 **장지연**의 권유로 《**황성신문**》에 글을 써서 많은 사람에게 감동을 주었지. 그러다 을사조약이 맺어진 후《황성신문》이 없어지자, 《**대한매일신보**》로 옮겨 일본에 반대하는 글을 계속해서 썼어. 이 시기에 신채호는 우리 국민의 자존심을 올려 주고 제대로 된 우리 역사를 알리기 위해 《이순신전》이나 《을지문덕전》 같은 위인전을 주로 썼단다. 그런데 일본의 방해가 너무 심해지자, 할 수 없이 중국으로 몸을 피한 신채호는 그곳에서도 역사를 가르치면서 틈만 나면 만주 땅을 누비며 고구려와 발해의 역사를 연구하곤 했지.

그러던 어느 날, 독립운동에 사용할 돈을 마련하기 위해 타이완에 간 신채호는 결국 그곳에서 일본 경찰에 붙들리고 말아. 1930년에 그가 10년 형을 선고받자, 그의 동지와 친구들은 슬픔에 빠졌지. 하지만 이내 뜻을 모아 신채호가 국사를 연구하면서 얼마나 많은 노력을 했는지 알리는 운동을 펼쳤어. 그 결과 역사와 관련된 신채호의 글을 신문에 실을 수 있었지. 이 시기에 나온 그의 책으로는 《조선사 연구초》나 《조선 상고 문화사》 등이 있어.

신채호의 글은 우리 민족으로 하여금 진짜 애국심이 무언지를 일깨워 주었어. 하지만 고된 감옥 생활로 건강이 점점 나빠진 그는 1936년 2월, 뤼순의 차디찬 감옥 바닥에서 홀로 쓸쓸히 눈을 감고 말았단다.

일본의 강제 동원

중일 전쟁이 너무 오래 이어지자, 1938년 일본은 전쟁을 위해 나라의 모든 자원을 사용할 수 있게 하는 '**국가 총동원법**'을 만들었어. 일본이 전쟁에 필요하다고 판단한 것들을 강제로 가져가는 **강제 동원**의 형태는 크게 **징발**, **징병**, **징용**, **위안부** 등의 네 가지로 나눌 수 있지.

징발은 **필요한 물건을 강제로 거두는 것**을 말해. 전쟁 중에는 무기를 만들어야 하기 때문에 쇠붙이가 많이 필요했으므로, 일본은 집집마다 돌아다니며 쇠붙이로 만들어진 거라면 뭐든 가리지 않고 모조리 쓸어 갔어. 커다란 무쇠 가마솥은 물론이고 숟가락, 젓가락까지 말이야. 하지만 강제로 가져간 건 쇠붙이뿐만이 아니었어. 병사들이 먹어야 한다며 얼마 되지도 않는 쌀까지 빼앗아 갔지.

한편, 전쟁을 하려면 병사들은 물론이고 전쟁에 필요한 여러 가지 물건도 만들어야 하므로 가능한 한 많은 사람이 필요해. 이에 대비해 **병사가 될 사람을 뽑아 가는 것**을 '징병'이라고 하고, **광산이나 공장에서 일할**

사람을 뽑아 가는 것은 '징용'이라고 하는데, 일본은 이와 같은 징병과 징용으로 수많은 한국인을 데려갔어. 연구에 따르면 징병으로 군인이 된 한국인의 수는 약 20만 9,000여 명에 달했고, 징용으로 끌려간 사람은 이보다 훨씬 더 많은 600만 명이 넘었으며, 해외로 끌려간 사람도 100만 명 이상이었다고 해. 이때 우리나라의 많은 사람이 일본에 의해 강제로 싸우고 일하다 처참하게 희생당했단다.

마지막으로는 위안부를 들 수 있어. 일본은 자기 나라의 군인들을 위해 우리나라를 포함하여 일본, 대만 등지에서 여성들을 끌어다가 군인들의 **'성노예'**로 삼았어. 이건 결코 저질러서는 안 되는 더할 나위 없이 악한 범죄야. 일본은 이 같은 악랄한 범죄를 저지르고도 지금까지 자신들의 잘못을 인정하지 않고 있지만, 우리나라와 국제 사회는 계속해서 일본의 진정한 사과와 보상을 요구하고 있단다.

▲ 일본으로 보낼 쌀가마니들이 군산항에 쌓여 있는 모습

한국광복군을 조직하다

　대한민국 임시 정부는 1919년에 처음 세워질 때부터 독립운동을 위한 군대를 만들어야 한다고 생각했어. 하지만 이에 대한 임시 정부 사람들의 의견이 서로 달랐고, 군대를 이끌어 나갈 돈도 충분하지 않았기에 실행에 옮길 수 없었지. 그렇게 시간이 흘러 1940년, 일본에 쫓기던 임시 정부는 **충칭**에 자리를 잡은 이후 군대, 즉 광복군 만드는 일을 서두르기 시작해. 그리고 그해 5월, 광복군 문제와 관련하여 중국 국민당 정부와 논의한 임시 정부는 **장제스**로부터 중국 국민당군의 지휘를 받는다면 광복군 활동을 허락한다는 약속을 받아 낸단다. 드디어 9월 15일, 임시 정부는 '**한국광복군**'을 만들고 이를 발표했지.
　1941년, **태평양 전쟁**이 일어나자 임시 정부는 일본에 전쟁을 시작하겠다는 사실을 알렸어. 마침 일본과의 전쟁에 필요한 정보를 얻기 위해 중국에서 활동하던 한국인들을 이용할 계획이었던 영국이 한국광복군과 손을 잡았지. 한편, 미국도 일본과의 전쟁을 유리하게 이끌어 가기 위해 한국광복군을 눈여겨보고 있었으므로, 1945년 초부터 한국광복군과 미군전략첩보국(OSS)을 함께 훈련시키기로 결정했어. 이에 따라 1945년 2월, OSS는 한국광복군과 함께하는 '독수리 작전'을 계획하여 그해 봄부터 3개월간의 훈련에 들어갔단다.

하지만 8월 6일과 9일, 일본의 히로시마와 나가사키에 핵폭탄이 떨어지면서 일본은 결국 8월 15일에 항복을 선언했어. 이 때문에 한국광복군은 계획을 실행하지 못한 채, 이듬해인 1946년 6월 결국 뿔뿔이 흩어지고 말았지. 김구는 이때 느꼈던 심정을 《백범일지》에 "하늘이 무너지고 땅이 꺼지는 일이었다"라고 썼단다. 이렇게 우리는 우리의 힘으로 이뤄낸 독립이 아닌, 일본의 전쟁 패배에 따른 광복을 맞이하게 되었지.

▲ 한국광복군 총사령부 기념 사진

광복, 자유의 빛을 되찾다

　1941년 12월 7일, 진주만을 공격함으로써 태평양 전쟁을 시작한 일본은 사실 미국과의 전쟁을 길게 끌고 갈 생각이 없었어. 진주만 공격으로 전쟁을 약 6개월 정도 유리하게 이끌어 가다가, 이후 조건을 내세워 미국과 의논한 후 아시아를 통째로 집어삼킬 계획이었지. 하지만 강대국인 미국의 뒤통수를 쳐 놓고 자신들이 원하는 목표만 이룰 욕심에 사로잡혔던 일본의 예상과는 달리, 미국은 최선을 다해 일본을 공격했어. 미국이 진주만에서 당한 피해는 그것을 원상태로 되돌리는 데 약 6개월이라는 시간이 걸렸을 만큼 매우 심각했거든.

　미국이 태평양 전쟁에서 단숨에 유리한 위치를 차지하게 만든 전투는 바로 **미드웨이 해전**이야. 미드웨이 해전에서 일본 해군에 돌이킬 수 없는 피해를 준 미국은 그 후로 계속해서 일본군을 밀어붙였단다. 그 결과 1945년 6월, 일본은 미국에게 **오키나와**까지 빼앗기는 상황으로 내몰렸지. 미국은 일본에 이제 그만 항복하라고 설득했지만, 일본은 이를 받아들이지 않았어. 사무라이 정신으로 끝까지 싸울 생각이었던 거야.

　일본이 계속 버티며 저항하자, 결국 미국은 핵폭탄을 사용하기로 결정했어. 그리고는 8월 6일과 9일, 두 번에 걸쳐 히로시마와 나가사키에 핵폭탄을 떨어뜨리는데, 이로 인해 두 도시에서 총 22만 명이 넘는 사람들이 목숨을 잃고 말아. 이에 놀란 일본 정부는 1945년 8월 15일, **무조건 항복**을 선언함으로써 우리나라도 **광복**을 맞이할 수 있었던 거란다.

▲ 해방을 맞이한 후 감옥에서 풀려난 애국지사들

 **1945년 8월 15일** 광복.

 **1948년 8월 15일** 대한민국 정부 수립.

 **1950년 6월 25일** 한국 전쟁 발발.

 **1960년 4월 19일** 4·19 혁명.

 **1953년 7월 27일** 휴전.

  **1961년 5월 16일** 5·16 군사 반란.

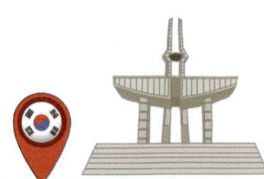 **1980년 5월** 5·18 민주화 운동.

4장

대한민국

1945년 ~ 현재

 1987년 6월 6월 민주 항쟁.　　 **2002년 5월 31일~6월 30일** 2002년 한일 월드컵 개최.

1

남쪽은 미국, 북쪽은 소련

1945년 8월 15일 정오, 라디오에서 일왕이 연합국에 무조건 항복한다는 방송이 흘러나왔어. 유럽에서의 전투는 5월에 이미 끝난 상황이었기에 일본이 항복을 선언함과 동시에 제2차 세계 대전은 완전히 끝이 났지. 연합국 쪽에서는 **카이로 회담**과 **얄타 회담** 등을 통해 우리 민족의 독립을 약속했고, 이로써 우리나라도 드디어 해방을 맞이할 수 있었어. 해방 직후에는 한반도의 질서를 유지하기 위해 독립운동가 **여운형** 등이 '**조선 건국 준비 위원회**'를 만들어 활동했으나, 안타깝게도 약 두 달 만에 흩어지고 만단다.

해방이 되긴 했지만 일본이 한반도에서 완전히 물러나기까지는 좀 더 기다려야 했어. 미국이 일본에 정식으로 항복을 받고, 인천항에 미군을 상륙시키는 9월 8일까지 말이야. 이에 앞서 9월 2일에 미국은 **북위 38도선**을 기준으로 **한반도의 북쪽은 소련**이, **남쪽은 미국**이 점령한다고 밝

했어. 그리고 남한은 미국의 군사 정권이 다스릴 것이라고 선언하지. 이를 줄여서 '**미군정**'이라고도 하는데, 미군정은 대한민국 정부가 세워지는 1948년까지 계속된단다.

미군정은 남한을 공산주의 국가가 아닌 **자본주의 국가**로 만들고 싶어 했어. 그렇다 보니 당시 남한에 있던 공산주의 쪽 사람들의 힘을 빼 놓는 정책을 많이 사용했지. 그리고 남한을 안정적으로 이끌어 가기 위해 친일파들을 이용하기도 했어. 한 예로 미군정 사령관이었던 하지 중장은 일본의 아베 총독으로 하여금 남한을 다스리도록 했는데, 남한 사람들이 이에 반발하자 사흘 만에 이 결정을 취소하고 자신의 부하인 아널드 소장을 군정 장관으로 임명해서 다스리게 했지. 이런 것만 봐도 당시 미군정이 일본에 식민 지배를 당했던 우리나라 사람들의 마음을 잘 이해하지 못하고 있었음을 알 수 있단다.

2

신탁 통치로 남북이 나뉘다

미국과 소련이 각각 남한과 북한에 자리 잡은 뒤, 앞으로 한반도 문제를 어떻게 처리할 것인지를 결정하기 위해 미국, 영국, 소련 등 세 나라의 외무장관이 모스크바에 모여 1945년 12월 6일부터 회의를 열었어. 이를 **'모스크바 3국 외상 회의(모스크바 3상 회의)'**라고 하는데, 여기서 **미소 공동 위원회 개최**와 **한국의 신탁 통치**가 결정된단다. 신탁 통치란, 독립 후 스스로 다스려 나갈 능력이 없는 나라를 강대국이 일정 기간 대신 다스려 주는 걸 말해. 결국 신탁 통치는 일본의 식민 지배에서 벗어나자마자 독립을 이루길 원했던 우리 민족의 바람과는 맞지 않은 것이었지.

당시 남한에 들어와 있던 임시 정부 사람들이 앞장서서 신탁 통치에 반대하기 시작했어. **김구**를 중심으로 모인 이들은 전 국민 총파업을 요구했는데, 신탁 통치 반대 운동에 함께하지 않으면 민족 반역자라고 선언하기도 했지. 이렇게 남한에서 일어난 신탁 통치 반대 운동은 이듬해

초까지 계속된단다.

  한편, 처음에는 신탁 통치에 반대했던 공산주의 쪽 사람들이 1946년 1월 3일, 북한이 내놓은 발표를 듣고 신탁 통치를 찬성하는 쪽으로 돌아섰어. 그 후 이들은 사람들에게 신탁 통치의 필요성을 설명하고 다녔고, 이로 인해 신탁 통치를 반대하는 사람들과 지속적으로 부딪힐 수밖에 없었지. 이로써 남과 북은 자본주의와 공산주의의 문제를 포함하여 신탁 통치 문제를 두고 또 한 번 나뉘고 말았단다.

3

대한민국 정부가 세워지다

　미국과 소련은 각각 남한과 북한을 맡아서 통치하면서도, 둘 중 어느 한 나라가 일방적으로 한반도 문제를 처리할 수 없다는 사실을 잘 알고 있었어. 그래서 두 나라는 모스크바 3국 외상 회의를 통해 한반도 문제를 처리하려고 했던 거야. 이 회의의 결론은 미국과 소련이 공동 위원회를 열어 한국의 정당 및 사회단체와 의논하여 **임시 정부**를 세운 후, 임시 정부와 상의하여 **5년 이하의 기간 동안 신탁 통치**를 하는 것이었어. 그 결과, 우리가 앞에서 살펴보았듯이 남한에서는 신탁 통치 반대 운동이 벌어진단다.

　그런데 1946년으로 넘어가면서 미군정의 방해로 남한의 신탁 통치 반대 운동은 점점 잦아들기 시작해. 이때 미국은 소련과 약속한 미소 공동 위원회를 열고 모스크바 3국 외상 회의의 결론에 따라 통일 임시 정부를 만들기로 했어. 하지만 미국과 소련은 각자의 속셈이 있었기에 세 차례

나 열린 미소 공동 위원회는 아무런 성과 없이 끝나고 말았단다.

일이 이렇게 되자 미국은 더 이상 소련과는 한국에 통일 정부를 만드는 일을 의논할 수 없다고 판단했고, 이 문제를 UN(국제 연합)에 맡기기로 했어. 이에 UN은 남북한이 **총선거**를 실시해 정부를 만드는 것으로 결정하고, 선거를 감시할 사람들을 남한으로 먼저 보냈지. 1948년 1월, 남한에 도착한 UN 감시단은 남한의 지도자들과 만날 수 있었지만, 총선거에 반대하는 소련 때문에 북한으로는 가지 못했어. 결국 남북한의 동시 총선거는 이루어질 수 없었고, UN에서는 남한에서만 선거를 실시해 정부를 만들도록 결정한단다.

UN이 남한 단독 선거를 결정하자, **김구**와 **김규식** 등은 한반도가 남과 북으로 나뉠 것을 걱정하여 이에 반대하고 나섰어. 이들은 남한 단독 선거를 막기 위해 북한까지 방문하며 애를 써 보았지만, 별다른 성과를 얻지는 못했단다. 그렇게 남한 단독 선거는 이를 반대하는 사람들이 참여하지 않은 상황에서 1948년 5월 10일에 예정대로 진행되었지. 이 선거에서 198명의 국회 의원이 뽑혔고, 이들이 **대한민국 최초의 헌법**을 만들어 7월 17일에 발표했어. 그리고 7월 20일에는 **이승만을 초대 대통령**으로 뽑았지. 이후 광복 3주년이 되는 1948년 8월 15일에는 **대한민국 정부 수립을 선포**했단다. 하지만 같은 해 9월 9일에 북한에서도 **김일성**을 내각 수상으로 하는 새 정부가 들어서면서 우리 민족은 뼈아픈 분단을 맞아야 했어.

▲ 대한민국 정부 수립 축하 기념식

반민족 행위 특별 조사 위원회

광복을 맞이한 우리나라의 국민들 사이에서는 친일파들을 처벌해야 한다는 목소리가 높아졌어. 미군정은 이런 목소리에 귀를 기울이지 않았지만, 1948년 대한민국 정부가 수립되면서 국회는 곧바로 '**반민족 행위 처벌법**(**반민법**)'을 만들어 통과시켰지. 이승만 대통령은 헌법에 어긋난다는 이유로 처음부터 반민법을 반대했었는데, 국회가 이에 반발할 것을 예상하고 어쩔 수 없이 반민법을 통과시켰어. 그 후 국회는 반민법에 따라 반민족 행위를 조사할 '**반민족 행위 특별 조사 위원회**(**반민 특위**)'를 구성해 본격적인 활동에 들어가게 했단다.

반민 특위는 첫 번째로 화신 백화점 사장 **박흥식**을 체포했고, 이어서 **이광수**, **최남선** 등을 체포했어. 그런데 반민 특위가 독립운동가들을 고문했던 **노덕술**을 체포하자, 이승만 대통령은 노덕술이 해방 후 나라의 질서를 유지하는 데 공이 있다며 그를 풀어 줄 것을 요구했어. 하지만 반민 특위가 이를 거부하면서 이승만 정부와의 갈등이 시작되었고, 이때부터 반민 특위의 활동에 대한 친일파 경찰들의 방해가 계속되었지. 이와 관련하여 일부 친일 경찰들이 테러리스트에게 반민 특위 관계자를 암살하도록 지시한 일은 유명하단다. 한편 반민 특위는 시위대까지 동원하여 그들의 사무실을 습격하게 한 친일파 경찰 **최운하**를 체포했는데, 이에 반발한 경찰들이 특위 요원 35명을 잡아가는 사건까지 발생했어.

이승만 대통령은 이 사건이 자신의 지시에 따라 경찰들이 일으킨 일이라고 밝혔어. 그런 와중에 친일파를 뿌리 뽑는 데 정신적 지주 역할을 하던 **김구** 선생이 암살당하는 사건까지 발생하자, 친일파 처벌에 대한 여론은 급격하게 식어 버렸지. 심지어 국회에서도 친일 행위를 처벌할 수 있는 기간을 1949년 8월 31일까지 단축하도록 법을 바꾸는 바람에, 결과적으로 반민 특위는 친일파들을 제대로 처벌하지 못한 채 해체되고 말았단다.

5

한국 전쟁이 일어나다

남한과 북한에서 각각 정부가 만들어진 직후인 1949년 3월 무렵부터 **김일성**을 비롯한 북한의 지도부는 군사적 힘을 이용해 한반도를 통일하려는 욕심을 품었어. 그리고 이 계획을 실행하기 위해 소련의 지도자인 **스탈린**에게 허락을 받으려 했지.

처음에 스탈린은 미군이 남한에 머물고 있는 상황에서 북한의 군사력이 남한을 이기지 못한다는 이유를 들어 허락하지 않았어. 하지만 1949년 6월에 미국이 남한에서 군대를 거두어들이자, 스탈린은 중국이 북한을 돕는 것을 조건으로 북한의 남한 침략 계획을 허락했지. 북한에서는 실제로 1948년 말부터 이 계획을 실천으로 옮기기 위해 군사력을 키우는 작업을 실행했다고 해.

전쟁을 준비하는 동안 북한은 1950년 6월 말에 갑작스럽게 남한을 침략해서 서울을 점령한 뒤, 최대한 빨리 한반도 남쪽까지 장악하기로 했

어. 또 미군이 한반도에 상륙하여 남한을 도울 것에 대비해 한 달 안에 전쟁을 끝낼 계획을 세웠지. 실제로 북한은 이 계획에 맞춰 1950년 6월 23일까지 모든 군사적 준비를 끝마쳤단다.

그렇다면 당시 남한의 군사적 상태는 어땠을까? 일단 남한에는 변변한 무기가 없었어. 당시 대통령이었던 이승만은 군사적 힘으로 북한을 통일시키고자 했지만, 전쟁을 원치 않았던 미국이 남한에 무기를 지원하지 않았기 때문이야. 그리고 뜻밖의 긴급한 사태가 일어날 것에 대비하여 그때까지 유지해 오던 비상 경계령을 1950년 6월 24일 0시부터 해제했고, 특히 24일 밤에는 사단장 이상의 군사 장교들이 육군 장교 클럽 개관 파티에 참석하느라 자신이 속한 부대를 벗어나 있는 상황이었어. 바로 이런 상태에서 **6월 25일** 북한군의 급작스러운 침략이 시작된 거야.

한국 전쟁(6·25 전쟁)이 일어난 것이지. 결국 남한의 국군은 제대로 방어조차 못 한 채 5시간 만에 개성을 내주었고, 단 사흘 만에 서울까지 빼앗기고 말았단다.

 그나마 다행스러운 점은 미국의 움직임이 아주 빨랐다는 거야. 6월 25일에 한반도에서 전쟁이 일어났다는 소식을 듣자마자, 미국은 UN 안전보장 이사회를 열어 북한군에 즉각 군대를 물릴 것을 요구했어. 그리고 7월 7일에는 **맥아더**를 사령관으로 한 16개국 병사들로 이루어진 UN군을 한국으로 보낸단다.

6

인천 상륙 작전

한국군은 전쟁에 대한 대비가 거의 되어 있지 않았었기에, 전쟁이 시작되고 두 달도 채 안 되어 남한 국토의 대부분을 빼앗기고 대구와 부산을 지켜 내기 위해 **낙동강 지역**에서 겨우 버티고 있는 상황이었어. 그것조차도 정식 UN군이 오기 전, 먼저 남한에 도착한 미군들 덕분이었지.

▲ 맥아더 장군

전쟁이 일어난 직후, 재빠르게 한강 방어선을 살펴보았던 **맥아더 장군**은 남한이 밀리고 있는 전쟁 상황을 단번에 뒤집을 수 있는 작전을 준비하고 있었어. 그게 바로 **인천 상륙 작전**이야. 본래 맥아더 장군은 이 작전을 7월에 실행하려 했다고 해. 그러나 여러 가지 상황으로 계획이 미뤄지는 바람에 9월에 실행된 것이었지. 어쨌든 인천 바다가 상륙 작전을 펼치기에 딱히 좋은 환경은 아니었지만, 맥아더 장군이 강하게 밀어붙이는 바람에 이 작전은 실행될 수 있었단다.

드디어 **1950년 9월 15일 새벽**, 인천 앞바다에 함선 261척과 7만 5,000명의 군사가 모였어. 그리고 새벽 6시 33분에 첫 부대가 월미도 해안에 도착한단다. 이들은 5일에 걸쳐 총 열 번의 상륙을 통해 작전을 성공시켰어. 당시 북한군은 한국군이 버티고 있던 낙동강 지역에 대부분의 군사들을 보낸 상태여서 인천 상륙 작전을 제대로 막아 낼 수가 없었지. 결국 UN군은 비교적 손쉽게 상륙 작전을 성공시키고 바로 서울을 향해 달려갈 수 있었단다.

▲ 인천 상륙 작전 지점(인천 월미도)

똑똑한 팁 · 장사 상륙 작전

인천 상륙 작전을 비밀리에 실행하기 위해 이와 같은 시간에 포항 북쪽 장사리 일대에서 진행된 상륙 작전이야. 이 작전은 학생 신분으로 전쟁에 참가한 학도병 772명을 중심으로 진행되었지. 이들은 배가 암초에 걸리고 탄약을 잃어버리는 등 처음부터 많은 어려움에 부딪혔지만, 임무를 마칠 때까지 139명의 전사자를 내면서도 끝까지 버텨 냈단다.

7

1·4 후퇴로 다시 서울을 내주다

맥아더 장군은 UN군 사령부의 반대에도 불구하고 왜 인천 상륙 작전을 고집했을까? 여러 이유가 있었겠지만, 그중 가장 중요한 건 이 작전을 성공시킬 경우 **북한군의 보급선(전쟁 지역에 무기나 식량 따위의 보급품을 나르기 위한 길)을 끊어 놓을 수 있다는 점** 때문이었어. 이것은 인천이 아닌 다른 곳에 상륙했다면 얻을 수 없는 이득이었지. 실제로 인천 상륙 작전이 실행된 날, 낙동강 지역에서 꿈쩍도 않던 북한군이 인천 상륙 작전의 결과가 알려졌을 무렵인 9월 20일쯤부터 급격하게 무너지기 시작한 것만 봐도 알 수 있어. 그리고 인천 상륙 작전이 시작되고 약 일주일 후인 9월 23일쯤에는 남한에 내려와 있던 모든 북한군에게 후퇴하라는 명령이 떨어진단다. 이처럼 인천 상륙 작전은 남한이 크게 불리했던 전쟁 상황을 단숨에 뒤집는 엄청난 작전이었지.

드디어 유리한 위치에 선 UN군과 한국군은 9월 28일 북한군에 빼앗긴 서울을 되찾은 뒤 계속 북쪽으로 치고 올라갔어. 북한군은 남한으로 밀고 내려올 때만큼이나 빠른 속도로 북쪽으로 후퇴하고 있었지. 어느덧 UN군과 한국군 일부가 압록강 근처까지 다다르자, 이번엔 북한을 도와주었던 **중국**이 나서서 경고했어. 하지만 맥아더는 그 말을 무시했고, 이에 중국은 10월 19일과 26일 두 차례에 걸쳐 20만 명이 넘는 **중공군(중국 공산당에 딸린 군대)**을 한반도로 보냈단다. 중공군의 출현으로 다시 한번 전쟁의 흐름이 바뀌는 순간이었어. 이로 인해 UN군과 한국군은 10월 25일부터 중공군의 공격에 막혀 공격을 멈출 수밖에 없었지.

11월 25일과 26일 중공군의 공격을 받은 이들은 38선 부근까지 후퇴할 수밖에 없었고, 12월 26일부터는 38선도 빼앗겼으며, 이듬해인 **1951년 1월 4일**에는 서울을 다시 내주어야 했단다. 이를 '**1·4 후퇴**'라고 해.

거제 포로수용소 이야기

거제 포로수용소는 한국 전쟁 중에 붙잡힌 북한군과 중공군 포로를 가두어 놓기 위해 만든 수용소야. 1951년 2월, 오늘날의 거제시 고현동과 수양동 주변에 세워진 이 포로수용소는 휴전 협상으로 전쟁이 멈출 때까지 사용되었어. 전쟁 당시 이곳에는 북한군 15만여 명과 중공군 2만여 명, 여성 포로 300명가량이 있었다고 해.

그런데 거제와 같은 섬에 포로수용소를 만든 이유는 뭘까? 그건 거제가 육지와 가까워 포로를 옮기기 편리했고, 당시 이곳은 오직 배로만 다닐 수 있었던 섬이어서 포로를 다른 곳과 떼어 놓기에 안성맞춤이었기 때문이야. 또 한반도 맨 아래쪽인 남해안에 있어서 비교적 안전한 지역으로 여겨졌지.

하지만 실제로 거제 포로수용소는 결코 안전한 곳이 아니었어. 왜냐하면 그 안에서 또 다른 전쟁이 벌어졌기 때문이야. 이곳에 갇혀 있던 북한군 포로들 중에는 진심으로 공산주의를 따르는 마음에 전쟁에 참여한 사람들도 있었지만, 북한군이 점령한 남한 지역에 살다가 강제로 북한군이 된 사람들도 있었어. 이런 사정은 중공군 또한 마찬가지였는데, 공산당이 없는 대만으로 미처 피하지 못한 사람들이 중공군으로 참여하게 된 경우도 있었거든. 이들은 한국 전쟁 중에 포로로 잡히자, 차라리 중국이 아닌 다른 나라로 가고 싶어 했지. 이러한 사람들을 '**반공 포로**'라고 부르는데, 반공 포로들과 그렇지 않은 포로들(공산 포로) 사이에 목숨을 건 충돌이 자주 발생했어. 특히 UN군이 포로 교환 협상을 하면서 반공 포로는 원한다면 각자의 나라로 돌려보내지 않겠다고 선언하자, 공산 포로들이 모든 포로를 무조건 돌려보낼 것을 주장하면서 폭동을 일으키는 바람에 수용소 소장이 납치당하는 사건도 벌어졌지.

미군이 끼어들면서 다행히 폭동은 멈추었지만, 그 과정에서 공산 포로들에게 죽임을 당한 반공 포로 105명의 시신이 발견되기도 했어. 자유를 선택하려던 사람들이 목숨을 잃게 된 참으로 안타까운 사건이었지.

▲ 거제 포로수용소(공산군 포로들을 가두었던 장소)

9

전쟁을 멈추다

　1951년 1월 4일, 다시 서울을 차지한 공산군(북한군과 중공군)은 충청도 부근까지 내려왔어. 하지만 북으로부터 무기나 식량을 받는 시간이 점점 길어지고, 그동안의 전투로 피해가 계속되면서 더 이상 나아가기 힘든 상황이었지. UN군은 이 기회를 놓치지 않고 다시 공격을 시작했고, 3월 말경 서울을 포함하여 38선 부근까지의 땅을 되찾을 수 있었단다.

　하지만 그 후부터는 UN군과 공산군 사이에 한 발 나아가면 한 발 물러서는 전투 상황이 반복되었어. 이에 미국은 1951년 5월 **UN의 소련 대사**에게 **휴전**, 즉 얼마 동안 전쟁을 멈추는 게 어떻겠냐는 의견을 전달했지. 그러자 소련은 **중국**, **북한**과 의논한 후 1951년 6월 23일, 공식적으로 미국에 휴전을 요청한단다. 그런데 이때 한국 정부는 휴전에 적극 반대하고 있었기에, 미국은 한국 정부를 제외하고 7월 10일부터 휴전 회담을 시작했지.

　휴전 회담에서는 **남한과 북한의 경계**를 어떻게 정할 것인지와 **포로를 돌려보내는 방법**에 관한 내용을 다루었어. 그런데 앞에서 북한 포로 중에는 남한 사람들도 많이 포함되어 있었다고 했던 것 기억하지? 바로 이 포로 문제 때문에 휴전 회담이 약 1년간 열리지 않으면서 38선 부근의 전투는 계속되었고, 그 바람에 수많은 병사가 희생되었어. 또한 남과 북의 경계에 관한 문제도 오랜 기간 풀지 못하다가, 양측 군대가 맞서고 있는 선을 경계로 정하자는 데 의견을 모았지.

　결국 1953년 7월 22일에 **군사 분계선**(전쟁 중인 나라 간의 논의에 따라 정한 군사 활동의 한계선)이 정해졌고, 27일 오전 10시에 판문점에서 **휴전 협정**을 맺었어. 이로써 한국 전쟁은 시작된 지 3년 1개월 2일 만에 멈추게 되었단다.

10

전쟁의 결과

1953년 7월 27일, 휴전 협정이 맺어지면서 한국 전쟁도 끝이 났어. 하지만 전쟁을 끝낸 '종전'이 아닌 '휴전'이라는 말에서도 알 수 있듯이, 전투만 임시로 멈췄을 뿐 전쟁 상태가 완전히 끝난 건 아니란다.

그렇다면 한국 전쟁은 우리에게 어떤 피해를 주었을까? 우선 인명 피해부터 살펴보면, 남한 쪽은 한국군 63만 명과 UN군 15만 명을 합친 78만 명, 북한 쪽은 북한군 80만 명과 중공군 123만 명을 합친 약 203만 명의 희생자가 나왔어. 남과 북을 합하면 군인의 피해만 따져도 모두 281만 명이나 되지.

일반인들의 피해도 만만치 않았어. 1952년 3월까지 한국 전쟁 때문에 피해를 입은 일반인 수만 해도 1,000만 명이 넘었거든. 이를 바탕으로 전쟁이 끝났을 때까지 그 수를 따져 본다면, 전 국민의 절반이 넘는 수가 피해를 봤다고 보면 돼. **거의 모든 국민이 피해자**라고 할 수 있지. 그리고 이들 중에는 **이산가족**과 같은 문제 등으로 아직까지도 고통받고 있는 사람들이 있단다.

한국 전쟁으로 사람만 희생된 것은 아니야. 남한은 전체 **생산 시설**의 42퍼센트, 북한은 60퍼센트가 파괴되었고, 도로와 철도, 다리, 항구 등도 크게 파괴되어 한반도 대부분의 땅이 못쓰게 되다시피 했지.

또한 한국 전쟁은 정치적으로도 우리 민족에게 좋지 않은 영향을 끼치고 있어. 우선 전쟁 이후 남북한은 서로를 미워하게 되면서 사실상 통일이 불가능해졌고, 남북한이 군사력을 키우는 데 지나치게 집중한 나머지 **국력도 낭비**하게 되었지.

이와 같은 이유로 오늘날 우리에게는 대결보다는 서로 협력해서 만들어 가는 평화의 소중함을 일깨우는 것과 가슴속 깊이 남아 있는 전쟁의 상처를 치유하는 과제가 남아 있단다.

▲ 한국 전쟁 이후 폐허가 된 도시

부정 선거를 응징한 4·19 혁명

대한민국 헌법 전문에는 3·1 만세 운동과 4·19 혁명이라는 두 가지 역사적 사건이 나와 있어. 그만큼 이 두 사건이 대한민국의 역사에서 매우 중요한 의미를 지니고 있다는 뜻일 거야. 그럼 3·1 만세 운동은 앞에서 살펴보았으니, 이번에는 4·19 혁명에 대해 살펴볼까?

4·19 혁명은 **3·15 부정 선거**가 직접적인 원인이 되어 일어난 사건이야. 한국 전쟁 이후 자유당 정권은 이승만이 계속 대통령으로 뽑힐 수 있도록 **선거를 조작**해 왔는데, 이는 1960년 3월 15일에 있었던 대통령 선거에서도 마찬가지였지. 이승만의 상대 후보였던 조병옥이 2월 15일에 사망하면서 이승만의 당선이 거의 확실했음에도, 자유당은 그 당시 85세로 나이가 많았던 이승만에게 무슨 일이 생길 경우에 대비하여 대통령 자리를 이어받을 부통령으로 **이기붕**을 당선시키려고 부정 선거를 실행했단다.

　정부와 자유당은 선거 기간 내내 야당을 대놓고 괴롭혔고, 이는 국민들이 부정 선거에 대한 의심을 품게 만들었어. 그리고 선거날 투표소에 나간 국민들은 부정 선거가 버젓이 행해지는 장면을 두 눈으로 목격할 수 있었지. 결국 선거 당일 마산에서 부정 선거 반대 시위가 열렸고, 이 시위는 저녁까지 계속되었어. 경찰이 시위대를 향해 최루탄과 총을 발사하면서 그날의 시위는 강제로 멈출 수 있었지만, 이는 도리어 부정 선거에 대한 국민의 분노를 자극하는 결과를 낳았단다.

　그러던 4월 11일 오전 11시, 마산시 중앙 부두 앞바다에서 오른쪽 눈에 최루탄이 박힌 채 사망한 고등학생 김주열의 시신이 발견되면서 마산 시민과 학생들의 분노가 폭발하고 말았어. 이들의 분노는 커다란 시위의

▲ 국립 4·19 민주 묘지에 있는 4·19 혁명 기념탑

물결이 되어 서울로까지 번졌지. 그리고 **4월 19일**에 시위대를 향해 경찰이 총을 발사하면서 시위에 참가한 많은 사람들이 부상을 입었단다. 그로부터 일주일 후, 대학 교수와 학생들을 포함한 수많은 시민들이 모여 이승만 대통령이 물러날 것을 강력하게 요구했고, 26일 아침 무렵에는 시위 참여자 수가 10만 명이 넘을 만큼 폭발적으로 늘어났어.

  1960년 4월 27일, 결국 이승만은 대통령 자리에서 물러나고 말아. 국민들이 힘을 합쳐 독재에 맞선 끝에 결국 승리를 얻어 낸 것이지. 하지만 대한민국이 완전한 민주주의를 이루기까지는 좀 더 기다려야 했어. 이후 대한민국에는 또 어떤 사건이 펼쳐질까?

군사 독재의 시작, 5·16 군사 반란

4·19 혁명으로 대한민국이 오랜 독재 정치에서 벗어나자, 사회 각 계층에서는 그동안 억눌려 있던 요구들이 한꺼번에 뿜어져 나왔어. 하지만 당시 정권을 잡고 있던 **장면 총리**는 이런 시민들의 요구에 성의 없는 태도로 대처했고, 이 때문에 사회 여기저기에는 갈등과 분열의 분위기가 퍼지기 시작했지. 이렇게 민주주의가 완전히 뿌리내리지 못한 상황에서 사회가 혼란에 빠지자 특정 집단이 이를 자신들의 이익에 활용했는데, 그 집단은 바로 **군대**였단다.

당시 한국의 군대는 전쟁을 치르며 힘이 급격히 커진 상태였는데, 미국도 한국의 군대가 공산주의를 강하게 반대하는 동시에 정치를 할 수 있는 능력이 있는 집단이라고 생각했어. 그래서 군대가 이승만 정권의 뒤를 이어 정권을 잡는 게 오히려 미국에게 도움이 될 수도 있을 거라고 생각했지.

이런 상황에서 **1961년 5월 16일** 새벽, 육군 제2군 사령부 부사령관 **박정희**와 군 장교 250여 명, 사병 3,500여 명이 한강을 건너 서울의 주요 기관을 기습적으로 점령하는 **군사 반란**이 일어났어. 처음에 미국은 합법적으로 세워진 정부인 장면 정권을 지지하는 입장에서 박정희 등이 일으킨 군사 반란을 막으려 했는데, 미국 대사를 만난 **윤보선 대통령**은 정치적으로 자신과 대립했던 장면 총리를 제거하기 위해 미국의 반란군 진압을 반대했지. 그러자 이때부터 반란군에 대한 미국의 입장도 달라지기 시작했어. 결국 5월 18일에 장면 총리가 **내각 총사퇴**를 발표하고 정권을 군사 혁명 위원회에 넘겨주자, 미국은 이틀 뒤인 20일에 박정희의

군사 반란을 인정한다고 발표했단다.

　이때부터 반란군은 합법적인 정권 장악을 위한 활동에 들어갔어. 1961년 8월, **국가 재건 최고 회의**의 의장 박정희는 2년 뒤에 정권을 시민 사회에 돌려주겠다고 발표한 후, 1962년 12월 17일에 국민 투표로 헌법을 개정하고 1963년 2월 '민주공화당'이라는 정당을 만들었지. 그러고 난 뒤 8월에 군대를 나와 대통령 선거 후보가 되었단다. 결국 박정희는 그해 10월 15일에 열린 대통령 선거에서 윤보선 후보를 누르고 대통령으로 당선되었어. **박정희 군사 독재 18년**이 시작되는 순간이었지.

똑똑한 팁　5·16 군사 반란은 대한민국에 어떤 영향을 끼쳤을까?

5·16 군사 반란 이후, 대한민국은 여러 가지 변화를 겪었어. 먼저 대통령이 된 박정희가 경제 개발을 적극적으로 추진하면서 당시 후진국이었던 대한민국은 '한강의 기적'이라 불릴 만큼 커다란 경제적 성과를 얻어 냈지. 그러나 박정희 정권의 정치 탄압과 언론 통제는 민주주의를 후퇴시키는 결과를 가져왔고, 1972년 10월 17일에는 대한민국 헌법 제7차 개정인 유신 헌법을 선포함으로써 결국 그가 오랜 기간 정권을 잡는 독재의 바탕을 마련했단다.

무너져 버린 서울의 봄

대통령에 당선된 박정희는 강압적인 통치 방식으로 국가를 운영해 나갔어. 초기에는 사회의 여러 범죄를 없애고 경제를 발전시켰다는 긍정적인 평가를 받기도 하지만, 그는 세 번 연속 대통령에 당선된 것으로도 모자라 **1972년 10월 17일** 오후 7시경 전국에 비상계엄을 선포하며 자신의 독재 정치를 위해 대한민국 헌법 제7차 개헌인 **유신 헌법**을 통과시켰지. 그렇게 시작된 독재 정권은 1979년 10월 26일 중앙정보부장 **김재규**가 박정희를 암살함으로써 비로소 끝을 맺지만, 이후 대한민국의 정치는 다시 혼란 속으로 접어든단다.

이때 등장한 것이 **전두환**을 우두머리로 하는 **신군부** 세력이야. 박정희 암살 사건을 조사하는 합동 수사 본부장이었던 전두환이 그 일당과 힘을 합쳐 권력을 휘두르자, 당시 육군 참모 총장이던 **정승화**가 이들을 군대에서 내쫓으려 했어. 이를 알게 된 전두환 일당은 자신들이 지휘하던 부대를 동원해 정승화가 박정희 암살과 관련이 있다는 죄를 뒤집어씌워 1979년 12월 12일 그를 체포해 버렸단다. 이를 '**12·12 군사 반란**'이라고 해. 이 사건이 알려지자 다른 군인들이 반란군을 물리치고 정승화를 구출하려는 작전을 시도했지만 결국 실패했고, 이로써 12·12 반란은 전두환과 반란군의 승리로 끝나고 말아. 12·12 군사 반란은 나중에 전두환 정권이 만들어지는 직접적인 원인이 되지.

박정희가 죽고 난 이후인 1980년 봄, 오랜 군사 독재에서 벗어난 시민들의 마음속에는 민주주의에 대한 열망과 기대가 가득했어. 그래서 이 시기를 '**서울의 봄**'이라고 부른단다. 하지만 이런 희망은 전두환이 광주 민주화 운동을 비롯한 시민들의 저항을 군사적 힘으로 누르고, 1980년 9월 대통령에 취임함으로써 산산이 깨지고 말아.

14

광주 시민들, 민주화를 부르짖다

　12·12 군사 반란 이후 신군부가 군대를 장악하고 다시 군사 정부를 만들려는 조짐이 보이자, 시민들은 신군부에 저항하기 시작했어. 이때 전국 각지의 학생들도 민주주의를 되찾기 위해 거리로 나와 시위를 벌였지. 그런데 신군부는 그런 시민들을 사회 혼란을 부추기는 세력으로 몰았고, **1980년 5월 17일**에 **비상계엄**을 전국으로 확대하는 동시에 국회까지 막아 버렸단다.

　비상계엄이 전국으로 확대되자, 군인들은 전라도의 주요 대학을 폭력적인 방법으로 장악했어. 이에 **5월 18일** 아침, 전남대학교 정문에서 비상계엄과 휴교령에 항의하는 학생 시위가 벌어졌고, 군인들은 총과 칼로 그들을 막았지. 이날 군인들이 잡아간 시민들 수는 모두 405명이나 되었단다. 심지어 19일에는 더 많은 군인이 광주에 들어왔는데, 어떤 군인 장교는 이들에 반대하는 시위대를 향해 총을 쏘기도 했어. 이렇게 군인들

　의 난폭한 행동이 계속되자, 화가 난 광주 시민 4만 여 명은 5월 20일에 곳곳에서 시위에 참여했어. 군인들은 이때 광주시청에 모인 시민들을 향해 총을 쏘아 댄 것으로도 모자라, 광주역과 전남대학교를 돌면서 시민들과 계속 충돌하여 많은 희생자를 냈지.

　그러던 5월 21일 새벽, 광주역 앞에 처참하게 버려진 두 구의 시신이 발견되었어. 시위에 참여했던 광주 시민의 시신이었지. 결국 분노가 폭발한 광주 시민 10만여 명은 군인들의 야만스러운 행위를 알리기 위해 전남도청 앞에 모였고, 정오 무렵 군인들은 이 시위대를 향해 집단으로 총을 쏘기 시작했어. 이때부터 시민들도 경찰서와 파출소에서 무기를 꺼내 와 군인들을 상대로 전투를 벌였지. 시민들이 무장 공격을 시작하자 군인들은 일단 광주시 바깥으로 물러났다가, 27일 새벽 3시 30분경 시민들을 물리치기 위한 최종 작전을 실행했어. 결국 새벽 4시 5분 전남도청에서 시민과 군인들 간의 전투가 시작되어 4시 55분쯤 마무리되었는데, 이때 시민군 17명이 죽고 227명이 붙잡혔지. 이렇게 5월 18일부터 열흘에 걸쳐 광주 시민들이 민주주의를 되찾기 위해 무장 군인들에 대항한 사건을 '**5·18 민주화 운동**'이라고 한단다.

  광주에서 일어난 민주화 운동은 1980년대에 우리나라 곳곳에서 벌어진 민주화 운동의 디딤돌 역할을 했어. 이 당시 민주화를 부르짖던 세력은 1980년 5월의 광주를 기억하며 힘을 얻었고, 결국 1987년 6월 군사 독재를 무너뜨릴 수 있었단다.

독재를 끝내다, 6월 민주 항쟁

　1980년 5월, 광주에서 일어난 민주화 운동을 군사적 힘으로 막아 낸 신군부는 그해 10월에 대통령의 임기를 7년으로 하고 5,000여 명의 대표가 국민을 대신해 대통령을 뽑는 **간선제**로 헌법을 바꿨어. 대통령을 직접 뽑는 직선제를 원했던 시민들은 크게 실망할 수밖에 없었지. 그렇게 1981년 2월 전두환은 대통령에 당선되었지만, 그의 대통령 임기인 7년 내내 국민들의 시위와 항의는 끊이지 않았어. 특히 전두환의 임기가 거의 끝나 갈 무렵인 1987년에는 **직선제**로 헌법을 바꿀 것을 요구하는 국민들의 거센 항의가 쏟아져 나왔고, 이에 따라 정치권도 활발히 움직이기 시작했단다.

　그러던 1987년 1월 14일, 민주화 운동에 참여했던 서울대 언어학과 학생 **박종철**이 경찰에게 끌려가 고문을 받다가 사망했다는 신문 기사가 보도되었어. 이 소식은 민주주의를 간절히 바라던 사람들의 분노를 불

▲ 박종철

러일으켰고, 이후 수많은 민주주의 단체가 모여 정부에 대한 강력한 투쟁을 이어 갔지.

4월 13일, 정부 측에서는 전두환 대통령의 남은 임기를 따져 보았을 때 직선제로의 개헌은 불가능하다고 발표했어. 그래서 기존 헌법인 대통령 간선제로 선거를 치르고, 이듬해 2월 25일 대통령 당선자에게 정권을 넘겨주겠다고 했지. 그러나 정부의 이런 조치는 가뜩이나 박종철 사망 사건으로 불타오르고 있던 시민들의 분노에 기름을 끼얹은 것이나 다름없었어.

결국 5월 27일, 대통령 직선제로의 개헌을 외치던 야당 정치인들과 시민 단체, 학생들이 **민주헌법쟁취 국민운동본부(국본)**를 만들었고, 국본은 6월 10일 대규모 국민 대회를 열기로 계획했어. 그런데 이 무렵 또 하나의 사건이 발생해. 6월 9일에 국민 대회를 준비하며 시위를 벌이던 연세대학교 학생 **이한열**이 전투경찰이 쏜 최루탄을 머리에 맞고 쓰러져 끝내 사망한 거야. 이 사건은 학생과 시민들이 전두환 정권에 더욱 격렬하게 저항하도록 만들었지.

이에 따라 6월 10일 오후 1시경부터 서울 시내 곳곳에서 전투에 버금갈 정도의 격렬한 시위가 이어졌고, 전국 곳곳에서도 수많은 시민이 **6·10 국민 대회**에 적극 참여했어. 시위는 그 후로도 계속되었는데, 며칠

이 지나도록 시위의 열기는 사그라들 기미가 전혀 보이지 않았지. 그리고 6월 26일에는 역사상 가장 큰 규모로 평가되는 시위가 벌어졌는데, 이에 민정당 대표였던 노태우는 6월 29일에 **대통령 직선제로의 개헌**을 포함한 **6·29 선언**을 발표함으로써 사실상 항복을 선언했어. 시민들이 독재 정권에 대항하여 끝내 이긴 거야. 이렇게 1987년 6월 10일부터 29일까지 계속된 시민들의 민주화 운동을 '**6월 민주 항쟁**'이라고 부른단다.

▲ 시위 도중 최루탄에 맞아 쓰러진 이한열

16

손에 손잡고, 88 서울 올림픽

1979년, 박정희 대통령은 서울에서 올림픽을 개최하고자 하는 의지를 드러냈어. 하지만 박정희 대통령이 갑작스럽게 죽고 12·12 군사 반란이 일어나는 등 국내에 여러 혼란스러운 사건이 발생하면서 올림픽 개최를 부정적으로 생각하는 사람들이 많아졌지. 그러나 전두환 대통령은 올림픽을 통해 가난한 나라라는 한국의 이미지를 대외적으로 개선할 수 있으며, 공산권 국가와의 외교에도 도움이 될 거라는 판단에 따라 올림픽 유치 계획을 밀어붙였어. 이에 서울은 일본 나고야와 올림픽 유치 경쟁을 벌이게 된단다.

1981년 9월 30일, 독일의 바덴바덴에서 올림픽 개최지 선정 투표가 이루어졌어. 이때 총투표수 79표 가운데 서울이 52표를 얻음으로써 마침내 1988년 올림픽 개최지로 선정되었지. 당시 52표는 우리나라가 생각한 것보다 많은 득표수였는데, 전하는 이야기에 따르면 그 당시 대한

▲ 88 서울 올림픽 대회를 기념하기 위해 세워진 '세계 평화의 문'(올림픽 공원)

민국과 같은 개발도상국들이 서울의 손을 들어 주면서 많은 표를 얻을 수 있었다고 해.

 이렇게 대한민국의 서울이 올림픽 개최지로 선정되면서, 서울시에서는 각 종목에 따른 경기장은 물론 선수촌을 건설하였고, 교통과 숙박 시설도 많이 늘렸어. 또 이와 동시에 한강 종합 개발 사업도 진행되었는데, 오늘날의 훌륭한 한강의 모습이 바로 이때 갖춰진 것이란다.

 서울 올림픽은 드디어 모든 준비를 마치고 1988년 9월 17일에 개막식을 올렸어. 이때 우리나라는 열두 개의 금메달을 따면서 종합 4위를 차지해 역대 최고의 성적을 거뒀지. 또한 안정적인 대회 운영으로 많은 찬사를 받은 동시에, 전 세계 160개국이 참가해 역대 최고의 참가국 수를 기록함으로써 냉전 종식을 상징하는 대회로 평가되었단다.

17 대한민국 최대의 위기, IMF 구제 금융

 1997년 12월, 새로운 해의 시작을 앞두고 있던 우리나라 사람들은 청천벽력과도 같은 소식에 충격을 받았어. 우리나라가 외국에서 빌린 돈을 갚지 못해 **국제 통화 기금(IMF)**에 자금 지원을 신청했다는 소식이 전해진 거야. 사람들은 이 사실을 쉽게 받아들일 수가 없었어. 대한민국은 불과 1년 전인 1996년까지 7.9퍼센트라는 높은 경제 성장률을 기록하고 있었고, 정부에서도 나라의 경제에 큰 문제가 없다고 발표했기 때문이었지. 하지만 사실 우리나라는 그 당시 경제적으로 굉장히 위험한 상황이었어.

 그 이유를 살펴보면 첫째, 국내 금융 회사들이 외국에서 단기로 빌린 돈의 양이 너무 많았어. 그 양은 우리나라가 가지고 있던 돈의 무려 다섯 배나 되었지. 심지어 우리나라는 이렇게 단기로 빌린 돈을 1997년 금융 위기에 처한 동남아 국가들에 장기로 빌려주고 있던 상황이었어. 그런데 동남아시아 국가들이 우리나라에서 빌린 돈을 갚지 못할 처지에 놓이자,

이에 따라 우리나라도 결국 어려움에 빠진 것이지.

둘째, 미국이 빌려준 돈에 붙는 이자율을 올리는 바람에 우리나라에 들어와 있던 외국 돈이 미국으로 빠져나가기 시작했고, 여기에 여러 가지 이유로 수출까지 막혀 우리나라는 사실상 돈을 마련할 방법이 없었어.

결국 우리나라는 **1997년 12월 3일** IMF에서 **550억 달러**를 지원받음으로써 IMF의 관리 아래에 놓이게 되었어. 하지만 이때 우리나라 국민들은 나라의 빚을 갚기 위해 놀라운 공동체 정신을 발휘했단다. 바로 '**금 모으기 운동**'을 벌인 거야. 이때 국민들은 금을 모아 총 21억 7,000만 달러를 마련했어. 이런 공동체 정신을 바탕으로 우리나라는 당시 국제 사회의 예상을 깨고 불과 4년여 만인 2001년, IMF에서 빌린 돈을 전부 갚음으로써 IMF의 관리로부터 벗어날 수 있었단다.

북한에서는 어떤 일이 있었을까?

1953년 한국 전쟁이 끝난 뒤, 북한에서는 몇 번의 권력 투쟁이 일어났어. 이 투쟁에서 최종 승리한 사람이 바로 **김일성**이었지. 이렇게 1967년 권력을 잡은 김일성은 **자주**(정치), **자위**(군사), **자립**(경제)을 내세운 **주체사상**을 공식적으로 발표한 동시에 자신에 대한 **우상화** 작업도 실행했어. 이 시기에 북한은 남한에 대하여 강경 정책과 온건 정책을 번갈아 가며 펼쳤는데, 그러던 중 1994년 7월 25일 평양에서 남북 정상 회담을 갖기로 했어. 그런데 회담 17일 전, 김일성이 갑자기 사망하면서 첫 남북 정상 회담은 취소되고 말았단다.

오래전부터 김일성의 후계자로서 인정받아 왔던 김정일은 아버지 김일성의 죽음 후에도 안정적으로 정권을 이어 나갔어. 하지만 1995년에 발생한 대홍수와 그에 따른 흉작으로 북한 사람들은 1999년까지 극심한 식량 부족을 겪어야 했는데, 이때 북한에서는 무려 50~60만 명에 달하

는 사람이 굶어 죽었지. 이를 '**고난의 행군**'이라고 해.

이런 어려움 속에서 북한은 소련의 붕괴와 남북한의 전투력 차이의 문제를 해결하기 위한 하나의 방법으로 **핵 개발**을 추진했어. 북한은 핵 개발 과정에서 2006년, 2009년, 2013년, 2016년(두 차례), 2017년 등 총 여섯 차례에 걸쳐 핵 실험을 반복함으로써 국제 사회에 우려를 끼쳤을 뿐 아니라, 그 일로 UN의 제재까지 당하고 있단다.

그러던 2011년 12월 17일, 김정일이 급성 심근 경색으로 사망하고, 북한의 권력은 그의 셋째 아들 **김정은**에게 넘어갔어. 왕조 국가가 아님에도 마치 왕조 국가처럼 권력이 계속 아버지에서 아들로 넘어가고 있는 것이지. 그렇게 2011년부터 북한의 권력을 장악한 김정은은 지금까지도 북한을 다스리고 있단다.

19 통일을 위한 노력

한국 전쟁 이후, 남과 북은 거의 교류가 없었어. 그런 남과 북의 관계는 1970년대에 들어서면서 중요한 변화를 맞이했는데, 바로 박정희 대통령이 1972년에 이후락 중앙정보부장을 북한에 보내 김일성 주석을 만나게 한 거야. 남과 북의 고위급 인사가 비밀리에 만난 거지. 평양에서 만난 두 사람은 통일의 방법에 관해 이야기를 나누고, 7월 4일에 각각 서울과 평양에서 '**자주**', '**평화**', '**민족 대단결**'이라는 **통일 3원칙**을 발표했는데, 이를 '**7·4 남북 공동 성명**'이라고 해. 그러나 7·4 남북 공동 성명은 실제로 별다른 성과를 거두지 못했지만, 남과 북이 통일의 방법에 합의했다는 점만으로도 큰 진전을 얻어 낸 거라는 평가를 받고 있단다.

그 후 남과 북은 또다시 별다른 교류 없이 지내다가 1991년 UN에 동시에 가입하는데, 이 일을 계기로 그해 12월에 남북 기본 합의서를 체결했어. 남북 기본 합의서는 상호 체제 인정과 상호 불가침, 남북한 교류 확대를 규정하고 있는데, 이는 남과 북의 정부 사이에 공식적으로 이루어진 최초의 합의로 여겨지고 있지. 또 남과 북은 2000년 6월에 **최초의 정상 회담**을 가졌어. 6월 13일부터 15일까지 **김대중** 대통령과 김정일 국방위원장이 평양에서 회담을 진행했고, 정상 회담 후 남북 공동 선언문을 발표했단다.

한편 2010년대에는 북핵 위기가 최고조에 달했어. 이 때문에 미국의 **트럼프** 대통령과 북한의 김정은 국무위원장이 서로 갈등을 빚고 있었는데, 이러한 분위기를 바꾸기 위해 대한민국의 **문재인** 대통령의 제안으로 남북 정상 회담이 열렸어. 2018년 4월 27일에 열린 이 회담은 전 세계의 주목을 받으며 남과 북 사이에 종전 협정 또는 평화 협정이 맺어질 것을 기대하게 했지. 하지만 그 후 베트남 하노이에서 열린 북미 최종 협상에서 북한과 미국은 합의에 실패했고, 결국 이 협상은 아무런 소득 없이 끝나고 말아. 그 후로 남북 교류 또한 중단된 채 오늘에 이르고 있단다.

사진 출처

1장 조선 시대 전기

- 13쪽　태조 이성계 어진, 어진박물관
- 17쪽　숭례문, 셔터스톡
- 24쪽　창덕궁 인정전과 인정문 전경, 궁능유적본부
- 31쪽　혼천의, 국립중앙박물관
　　　　자격루, 국가유산청
　　　　측우기, 한국민족문화대백과
- 43쪽　《경국대전》, 국립중앙도서관
- 59쪽　《난중일기》, 충무공기념사업재단 소장, 현충사 관리소 제공
- 63쪽　700의총, 국가유산청
- 66쪽　진주 대첩 기록화, 전쟁기념관
- 71쪽　분청사기 상감 구름 용무늬 항아리 / 백자 청화 매화 대나무 새 무늬 항아리 / 백자 달항아리 / 백자 철화 매화 대나무 무늬 항아리, 국립중앙박물관

2장 조선 시대 후기

- 77쪽　《동의보감》, 국가유산청
- 85쪽　삼전도비, 국립중앙박물관
- 95쪽　상평통보, 국립중앙박물관
　　　　〈백두산 정계비〉, 서울대학교 규장각한국학연구원
- 102쪽　규장각 전경, 유엔제이
- 105쪽　수원 화성 동북 포루, 셔터스톡
- 109쪽　강진 정약용 유적(다산초당), 국가유산청
- 114쪽　〈시장도〉(혜손 김학수), 국립민속박물관
- 116쪽　《홍길동전》, 국립중앙도서관
- 127쪽　〈대동여지도〉, 국립중앙박물관
- 129쪽　흥선 대원군 이하응 초상, 국립중앙박물관
- 139쪽　갑신정변의 주역들, 국사편찬위원회
- 141쪽　동학 농민군 백산 봉기 기록화, 독립기념관
- 143쪽　건청궁 옥호루, 국립민속박물관
- 153쪽　헤이그 특사, 국사편찬위원회
- 155쪽　국채 보상 운동 취지서, 한국금융사박물관
- 159쪽　일장기가 꽂힌 경복궁 근정전(경성협찬회보고), 국립중앙도서관

3장 일제 강점기

- 168쪽　도산 안창호, 국사편찬위원회
- 171쪽　〈독립 선언서〉, 국가유산청
- 172쪽　덕수궁 앞 만세 시위 장면, 국사편찬위원회
- 174쪽　유관순, 국사편찬위원회
- 183쪽　김좌진 장군, 사단법인 백야김좌진장군기념사업회
　　　　홍범도 장군, 독립기념관
- 193쪽　윤봉길 의사, 독립기념관
　　　　이봉창 의사, 백범김구선생기념사업회
- 198쪽　광주공립여자고등보통학교 신사 참배 모습, 독립기념관
- 201쪽　《조선말 큰사전》 원고, 독립기념관
- 205쪽　군산항 쌀가마니, 독립기념관
- 207쪽　한국광복군 총사령부 기념 사진, 독립기념관
- 209쪽　해방을 맞이한 후 감옥에서 풀려난 애국지사들, 독립기념관

4장 대한민국

- 218쪽　대한민국 정부 수립 축하 기념식, 독립기념관
- 224쪽　맥아더 장군, 셔터스톡
- 225쪽　인천 상륙 작전 지점(인천 월미도), 셔터스톡
- 229쪽　거제 포로수용소, 국가유산청
- 233쪽　한국 전쟁 이후 폐허가 된 도시, 전쟁기념관
- 236쪽　4·19 혁명 기념탑, 국립 4·19 민주 묘지
- 249쪽　올림픽 공원 세계 평화의 문, 셔터스톡